图书馆业务外包及其发展趋势

刘淑华　著

国家图书馆出版社

图书在版编目(CIP)数据

图书馆业务外包及其发展趋势 / 刘淑华著. --北京 : 国家图书馆出版社, 2015.4

ISBN 978-7-5013-5575-4

Ⅰ.①图… Ⅱ.①刘… Ⅲ.①图书馆业务—对外承包—研究 Ⅳ.①G251.5

中国版本图书馆 CIP 数据核字(2015)第 062570 号

书　　名	图书馆业务外包及其发展趋势
著　　者	刘淑华　著
责任编辑	金丽萍
出　　版	国家图书馆出版社(100034　北京市西城区文津街 7 号) (原书目文献出版社　北京图书馆出版社)
发　　行	010-66114536　66126153　66151313　66175620 66121706(传真)　66126156(门市部)
E-mail	btsfxb@nlc.gov.cn(邮购)
Website	www.nlcpress.com ——→投稿中心
经　　销	新华书店
印　　装	北京科信印刷有限公司
版　　次	2015 年 4 月第 1 版　2015 年 4 月第 1 次印刷
开　　本	880×1230(毫米)　1/32
印　　张	7
字　　数	200 千字
书　　号	ISBN 978-7-5013-5575-4
定　　价	48.00 元

作者简介

刘淑华，女，蒙古族。中共党员。现任内蒙古自治区赤峰市图书馆馆长、副研究馆员。1991 年 7 月毕业于北京大学图书馆学情报学系，获文学学士学位。毕业后从事文化市场管理工作，曾任赤峰市松山区文化市场管理办公室副主任、稽查大队队长等职务。任职期间在文化部文化市场网、《中国文化报》上发表新闻作品多篇，论文《怎样当好旗县级文化市场稽查队队长》获文化部“中国文化市场三十年有奖征文活动”二等奖；连续多年被评为内蒙古自治区信息报送先进个人，并荣获过全国“扫黄打非”工作有功个人。2009 年任松山区旅游局副局长，期间主持出版了《松山风光》《松山旅游》两本文集。2011 年 7 月任赤峰市图书馆馆长，2014 年出版论著《沉思与对话：城市图书馆运营创新》（第一作者）。2013 年评选为赤峰市“五一劳动奖章”获得者，2014 年评选为赤峰市“五一劳动模范”。

序

图书馆是人类文化进步和发展的产物,承担着收集、整理、保存和传播文献的社会职能,作为一种公益性的社会文化机构,是社会文化系统重要的组成部分和社会公众享受文化权益的场所。长久以来,图书馆一直是区域内的文化和信息中心,在区域文化和信息的交流、传播中占据重要的社会地位。但随着社会经济、文化的发展和科技的进步,图书馆承担的社会职能和所处的社会地位也在不断地发展变化。1975 年,国际图联在法国里昂召开的图书馆职能科学讨论会上,对图书馆的社会职能进行了拓展,一致认为图书馆应承担四种主要的社会职能,即保存人类文化遗产、开展社会教育、传递科学情报和开发智力资源。社会的发展促使图书馆承担的社会职能越来越丰富和多样化,这不仅仅是社会的需要,也是图书馆保持其原有社会地位和存在合理性的需要。换句话说,图书馆面临生存危机的时代已经来临,而技术的进步更加剧了这种危机的存在。近 20 年来,互联网和计算机等新技术的飞速发展和应用,使图书馆从资源到服务都发生了剧烈变化,从纸质书刊到数字化资源,从纸本流通到网络服务和嵌入式服务,面对互联网时代新的技术环境和由新技术造就的新的信息环境以及在这一环境下成长起来的新一代读者,图书馆面临的危机和挑战是前所未有的。

然而,正如阮冈纳赞的图书馆学五定律所言,“图书馆是一个生长着的有机体”,面对危机与挑战,以及其他种种困惑和不利因素,图书馆界的变革和创新就从未停止过,图书馆人也从未停止过对图书馆现状的改善以及未来发展的探索和研究,图书馆业务外包也正是世界各国图书馆在经费普遍不足、管理亟须改善的情况下,借鉴营利性企业的管理模式而走出的一条探索之路。经过世界各国图书馆近30年的实践,业务外包已经在图书馆各类业务中得到广泛应用。然而,在图书馆业务外包的实践中,有成功,也有失败;业界对外包的看法也不尽相同,有支持的声音,也有反对和批评。我们究竟能否将这种企业的管理方式拿来为图书馆所用,或者应以怎样的态度、怎样的方式用,让其在图书馆发展与变革中发挥重要作用,是当下图书馆应该进行深刻思考和梳理的问题。

本书围绕“图书馆业务外包及其发展趋势”这一主题展开。全书共分为“绪论”“图书馆业务外包的优势与风险”“图书馆业务外包决策”“图书馆业务外包过程管理”“图书馆业务外包的发展趋势”和“附录”六个部分。

“绪论”部分包括图书馆业务外包的背景与相关理论、业务外包在图书馆的应用、图书馆业务外包的概念及分类、图书馆业务外包的研究意义、图书馆业务外包研究现状五个部分的内容。

“图书馆业务外包的优势与风险”列举了图书馆业务外包的优势:降低业务成本,提高图书馆效益;获得更专业和高效的服务;更好地专注核心业务,提高核心竞争力;获得组织重构和资源重新分配的机会;有效减少或转移风险;精简组织规模,克服官僚主义;对图书馆管理思想和管理模式的积极影响等。风险则包括外包决策不当带来的风险、外包商的选择不当带来的风险、外包实施中管理失控的风险和信息不对称情况下外包商的机会主义和败德风险、外包对员工利益的冲击带来的风险、外包带来的隐性成本的风险、长期外包导致的学习机会丧失的风险、外包导致的新的垄断的形成以及整体外包对图书馆公益性和学术性的影响等。

“图书馆业务外包决策”包括图书馆内部和外部环境评估、基于我国图书馆发展现状的核心业务识别、图书馆业务外包目标和范围的确定、评价和选择外包商四个部分的内容。

“图书馆业务外包过程管理”包括图书馆业务外包过程管理的原

则、外包过渡阶段的管理、外包质量管理、外包关系管理四个部分的内容。

“图书馆业务外包的发展趋势”分析了图书馆未来的发展方向和图书馆业务外包的发展趋势。未来图书馆将是信息资源中心、学习研究中心和文化交流中心，图书馆的服务会更加多元化，馆员队伍更加专业化，而管理则会向着企业化方向发展。基于此，图书馆要向前发展，就必然要以人为中心，以用户需求为导向，利用外部资源改善自身竞争力和适应变化的环境。未来业务外包依然是图书馆弥补自身资源不足的重要手段之一，业务外包的种类也会更加多样化，图书馆外包市场发展会更加成熟，外包双方的合作关系也更趋于理性。

附录部分则是有关图书馆业务外包的参考书目、专业站点索引。

写这样一本书，源于本人在赤峰图书馆多年的工作，对图书馆和读者有着深厚的感情，希望借此书抛砖引玉，相互交流，望图书馆界学人与同行不吝赐教。

刘淑华

2014 年 11 月 1 日于赤峰

目　　录

1 绪论

1.1 业务外包的背景与相关理论

1.1.1 业务外包的历史和背景

外包是社会分工与协作的产物,或者说是社会分工日益精细化与科技发展的产物。18 世纪 60 年代从英国发起的第一次工业革命,蒸汽机和其他机器的发明及其在生产上的应用,开创了以机器代替手工劳动的机械化时代,生产力得到空前提高,生产的社会分工和协调更加深入。19 世纪末至 20 世纪初,随着科学技术的迅猛发展,各种新技术、新发明层出不穷,并迅速应用于工业生产,爆发了第二次工业革命。这一时期,发电机、电动机、内燃机的发明及其广泛应用,出现了石油、电气、化工、汽车、航空等一系列新的工业部门,生产方式也从"单件作业"发展到"流水线作业"的大规模机械化生产,生产分工更加精细和专业化。制造商出于降低成本的考虑,将产品生产过程中的某一工序或阶段(如零件的制造等)转包给外部供应商进行。

第二次世界大战后,各国为了改进生产技术,提高生产率,在激烈的竞争中取得有利地位,纷纷增加科研经费支出,使得科学技术又一次得到了突飞猛进的发展,兴起了以原子能技术、航天技术、电子计算机等的应用为标志的第三次科技革命。这一时期,科技的进步使得社会分工越来越精细,表现出从部门间的专业化分工向部门内专业化分工迅速发展的趋势。产品品种和规格越来越多样化,生产工艺和生产过程也越来越复杂,有些产品单个企业已难以独立完成其生产,最终产品的生产,往往由最终产品的所有权企业与其他企业协作共同完成。协作企业为最终产品的所有权企业加工零部件或生产半成品，提供企业内部管理服务、产品营销服务等，在这一过程中，最终产品的所有权企业获得了较高的生产效率，降低了生产成本，而其他承包企业也因此获得了利润，这实际上就是现在所说的制造业外包和服务外包。20 世纪 60 年代，业务外包开始在北美和欧洲一些工业发达国家兴起，如英国、美国、德国等，到 20 世纪 80 年代以后，随着经济全球化的发展，全世界的企业外包规模迅速壮大，一些跨国公司纷纷把业务外包给境外劳动力和生产成本相对较低的企业，即所谓的离岸外包。1990 年，著名的管理学家加里·哈默尔(Gary Hamel)和 CK. 普拉拉德(CK. Prahalad)在《哈佛商业评论》上发表了《企业的核心竞争力》(The Core ComPetene Of the Cooration)一文，文中首次提到了"外包(outsourcing)"一词。此后，外包规模开始在全球范围内迅速扩大，据美国经济学人智库(Economist Intelligence Unit)和安达信(Arthur Anderson)所做的一份 1995 年的研究报告显示，在北美和欧洲，有 85% 的企业经理主管已经把一项业务职能的全部或至少部分外包出去①。而另一份 1995 年的调查也显示，在世界 500 强企业中，40% 的企业已经将一些部门或部分服务外包出去②。

1.1.2 业务外包的相关理论

外包的实践如火如荼，相关理论的研究也从未停歇。从 18 世纪后半叶出现的绝对优势理论，到后来的比较优势理论、交易成本理论、核心竞争力、价值链理论以及目前还未能考证其出处却为我国学者广泛引用的木桶理论等都成为外包研究的基础性理论。

1. 绝对优势理论

1776 年 3 月，英国古典经济学家亚当·斯密发表《国富论》，第一

① 严勇，王康元．业务外包的迅速发展及其理论解释[J]．南方经济，1999(9).

② Lancaster Hal. Saving Your Career When Your Position Has Been Outsourced [N]. *Wall Street Journal*, 1995 - 12 - 12: B1.

次提出了劳动分工的观点。斯密认为，分工是由人类互通有无、物物交换和互相交易的倾向逐渐造成的结果，这种倾向是出于人类的利己之心，是人类的一种天然倾向。为了能相互交换而获得自己所需和达到利己的目的，人们专注于做一项工作，以便将工作成果拿去交换。分工可以提高劳动者的熟练程度，因而可以增加劳动者完成的工作量；分工还可以省去从一种工作转到另一种工作需要的时间，从而提高工作效率；分工使人们更专注于一项工作，更容易促进创造发明和技术改进。分工的结果使人们专门从事其最有优势的产品生产，然后彼此交换，因此分工对每个人都是有利的，也即绝对优势。斯密认为，适用于一国内部的不同职业之间、不同工种之间的分工原则同样也适用于各国之间，也就是其国际分工理论。如果一国相对另一国在某种商品的生产上有更高的效率，则称该国在这一产品上有绝对优势。绝对优势可以通过劳动生产率来度量，如果一国生产某单位产品所需投入的劳动更少，或者投入单位劳动所获得的产出更多，则表明该国在生产这一产品上具有绝对优势。

外包则是劳动分工的延伸。企业把自己不擅长的，即没有绝对优势的业务外包给承包商，使双方都专注于各自占有绝对优势的业务，从而提高生产效率，享受分工带来的利益。

2. 比较优势理论

英国古典经济学家大卫·李嘉图 1817 年完成的《政治经济学及赋税原理》，继承和发展了斯密的观点，提出了比较优势理论（law of comparative advantage）。他认为不同国家由于生产技术、设备以及其他因素等的相对差别，会出现生产成本和价格的相对差别，从而一国某一产品的机会成本与另一国相比较低的话就具有比较优势。因此每个国家不一定要生产各种商品，而应集中力量生产具有比较优势的产品，再通过国际贸易换取自己不具有比较优势或比较优势较弱的产品，从而使贸易双方都获得利益，即各国通过出口相对成本较低的产品，进口相对成本较高的产品实现贸易的互利。

在经营过程中，与其他企业相比，如果一些非核心的业务项目由本企业自行完成的话，生产成本较高，不具有比较优势，应该将这些业务外包给其他企业或专业机构去做，利用其他企业在这些业务项目上的比较优势，通过外包交易获得比较利益。因此企业可通过比较优势分析来决定某项业务是否需要外包。

3. 交易成本理论

英国经济学家科斯（Ronald Coase）在其 1937 年的著作《企业的性质》中首次提出交易成本概念。科斯认为，企业的存在是为了节约市场交易费用，即用费用较低的企业内部交易替代费用较高的市场交易。所谓交易费用是指企业用于寻找交易对象、订立合同、执行交易、洽谈交易、监督交易等方面的费用与支出，主要由搜索成本、谈判成本、签约成本与监督成本构成。在科斯之后，以威廉姆森（Williamson）为代表的许多经济学家又进一步对交易费用理论进行了发展和完善。威廉姆森认为一切经济活动都可以看作是交易，而交易当事人具有有限理性和机会主义的特征。所谓有限理性，是指由于环境的复杂性，人们对环境的计算和认识能力是有限的，因而在交易时不可能预见到未来的各种情况，获得的信息具有不完全性；机会主义是指交易双方为了各自的利益必定会在交易过程中采取各种利己策略，进而在合作过程中出现合作失调、重新谈判等情况，影响双方合作关系的持续性。正是由于这两个特征的存在，必须设计一种交易制度来规范交易，以达到降低交易成本的目的。一种交易是适合市场交易还是企业内部交易取决于影响交易成本水平的三个维度，即市场的不确定性、资产专用性和交易频率。其中资产专用性是区分交易性质的重要因素，是指投资于特定项目的资产用途的专用性，即一项资产可调配用于其他用途的程度，包括场地、物资和人力资产的专用性等。

据此，如果资产专用性程度很低，交易重复频率较高，宜进行市场交易，即应优先选择外包；当资产专用性程度较高，交易重复频率低时宜采用在企业内部完成交易。威廉姆森认为，资产专用性很高时会导致企业的合并和纵向一体化，以减小交易成本。但当企业规模过于庞大时，会面临“组织失灵”、管理失控、管理成本上升等风险，出现规模不经济的现象。在这种情况下，外包为企业规模经济的实现开辟了新的道路。

4. 核心竞争力理论

核心竞争力是外包的重要理论依据。1990 年，著名的管理学家加里·哈默尔（Gary Hamel）和 CK. 普拉拉德（CK. Prahalad）在《哈佛商业评论》上发表了《企业的核心竞争力》一文。文章认为，核心竞争力来自于企业要比竞争对手以更低的成本和更快的速度提供出人意料的产品。哈默尔和普拉拉德将企业比喻成一棵大树，主要枝干是核心产品，其他分枝是企业的各个部门，叶子、花朵和果实是最终产品，提供大树持续生长所需营养和水分的树根就是核心竞争力。文章中将核心竞争力描述为：①核心能力是组织中的集体学习（collective learning），特别是如何协调不同的生产技能和整合多种技术的能力。②核心竞争力不仅仅是技术的整合，它还是工作组织与价值的传递。③核心竞争力是沟通、参与和跨组织边界的工作契约，涉及各层次的人群和组织的所有功能。④核心竞争力不同于实物资产，并不会因使用而减少，而是随着应用和共享的增多而增强。核心竞争力需要培育和保护。竞争对手可能会学习到包括核心技术在内的部分核心竞争力，但组织的协调和整合能力却是无法复制的。

外包是企业优化配置内部资源、整合利用外部资源、协调不同的生产技能和多种技术的重要手段，有助于企业应用和共享外部组织的核心竞争力，从而达到强化自身竞争地位、增强或培育自身核心竞争力的目的。核心竞争力被认为是企业实行外包的动因之一，这一理论的提出对于外包理论的研究和发展起到了很大的促进作用。

5. 价值链理论

1985 年，美国哈佛商学院教授、著名的战略管理学家迈克尔·波特（Michael E. Porter）在其所著的《竞争优势》（*The Competitive*

Advantage）一书中首先提出价值链的概念。波特认为“每一个企业都是在设计、生产、销售、发货、售后服务、人/事务计划、研究与开发、采购等过程中活动的集合体”。这些活动可分为基本活动和辅助活动两类，基本活动包括内部后勤、生产作业、外部后勤、市场和销售、服务等；而辅助活动则包括采购、技术开发、人力资源管理和企业基础设施等。这些互不相同但又相互关联的生产经营活动，构成了一个创造价值的动态过程，即价值链。价值链上的每一项价值活动都会对企业最终能够实现多大的价值造成影响。企业与企业的竞争，不只是某个环节的竞争，而是整个价值链的竞争，而整个价值链的综合竞争力决定企业的竞争力。迈克尔·波特认为，“消费者心目中的价值由一连串企业内部物质与技术上的具体活动与利润所构成，当你和其他企业竞争时，其实是内部多项活动在进行竞争，而不是某一项活动的竞争”。

企业要想提高整个价值链的综合竞争力，必须在每个环节上优于竞争对手，但每个企业的资源是有限的，不可能凭借自己的力量在每个环节上占有优势，在所有的环节上进行人力或资金等的投入必然也会带来更大的风险。因此，企业可以把主要精力放在具有竞争优势的价值链环节上，把其他自己不擅长的环节外包出去，利用外部资源增加这些环节的优势，从而保证整个价值链的综合竞争力。

6. 木桶原理

木桶原理也称木桶短板管理理论，是指如果组成一只木桶的木板长短不一，那么木桶盛水的多少，并不取决于桶壁上最高的那块木板，而是取决于桶壁上最短的那块木板，要想使木桶能够盛满水，必须将短的木板加高，使所有的木板高度一样。企业的竞争力就好比是木桶的容量，其最大竞争力不是由企业中最强的几个要素决定的，而是取决于企业的综合能力和薄弱要素。因此，企业必须借助外力将其“短板”加长，或用外部的“长板”代替企业的“短板”，经过有效组合，使所有的长板高度一致，企业才能发挥其最大竞争力。

木桶原理从20世纪90年代就被我国学者广泛引用，但其出处一说是出自管理学家劳伦斯·彼得(Laurence. J. Peter),也有学者经过考证,认为这一理论根本就不存在[①],还有人认为有可能是对劳伦斯·彼得的《彼得原理》的延伸和深化,是翻译后对彼得原理演绎的结果。由于这一理论形象简洁地阐述了短板决定木桶容量这一规律,具有一定的合理性和启发性,至今还被我国管理学界广泛引用。

1.2 业务外包在图书馆的应用

业务外包在图书馆的实践实际上远远早于“外包(outsourcing)”一词的提出。英国资本规划信息中心(Capital Planning Information,简称 CPI)1987 年所做的一份有关英国图书馆的报告中指出,图书馆业务外包是非常宽泛的,包括图书馆的图书销售行业的很多工作,只是一开始并没有被称作“外包(outsourcing)”,如古籍书目转换、计算机系统维护等[②]。1901 年,美国国会图书馆生产大量的目录卡片提供给其他图书馆,被认为是早期的编目业务外包[③]。1967 年,联机计算机中心(OCLC)成立,开始向图书馆出售其机读目录,其后相继成立的 UTLAS(1971)、研究图书馆情报网络(RLIN,1978)等都是向图书馆提供书目数据的外包服务商;20 世纪 60 年代末至 70 年代初出现的纲目购书则是采访业务外包的开端。但是,在企业外包概念提出和大规模

---

① 刘国伟. 江西一学者质疑“木桶理论”[N/OL]. 江南都市报,2012-06-10[2014-05-19]. http://jndsb. jxnews. com. cn/system/2012/06/10/012007122. shtml.

② David Ball, et al. A Study of Outsourcing and Externalisation by Libraries [EB/OL]. [2014-05-19]. http://eprints. rclis. org. handle/10760/7935.

③ Robert S. Martin, et al. The Impact of Outsourcing and Privatization On Library Services and Management [OL]. [2014-05-19]. http://www. ala. org/tools/sites/ala. org. tools/files/content/outsourcing/outsourcing_doc. pdf.

发展之前，图书馆业务外包是图书馆根据自身需求而进行的一种自发管理行为。直到20世纪80年代之后，随着外包在企业的广泛实践，新兴的企业管理思想对图书馆管理方式的冲击，新公共管理思想（new public management，简称NPM）出现后政府的干预，以及90年代外包概念的提出，图书馆业务外包才成为图书馆管理中的一种自觉行为，开始在图书馆界广为实践，并引发了对图书馆业务外包理论的广泛研究。

从20世纪70年代开始，西方各国实行的福利国家制度由于负担过重，导致政府出现财政危机，社会福利政策难以为继，政府机构日益庞大和臃肿，工作效率低下，开始出现公众对政府和执政党的信任危机。为应对危机，寻求变革之路，西方各国掀起了一场行政改革的浪潮，出现了所谓的新公共管理思想，即以现代经济学为理论基础，主张在政府等公共部门广泛采用私营部门成功的管理方法和竞争机制来提升政府业绩，重视公共服务的产出，强调公共管理应以市场或顾客为导向来改善行政绩效。世界范围内出现了政府行政改革的浪潮，各国政府开始在政府改革中推行非国有化、民营化和放松管制等策略①，图书馆服务作为政府公共服务的一部分，无疑也受到了很大的影响。可以说新公共管理思想对图书馆的业务外包尤其是公共图书馆的业务外包起到了非常大的促进作用。

1.2.1 美国图书馆的业务外包应用

20世纪70年代后期，由于预算削减，美国一些公共图书馆就已经开始考虑或实行部分业务的外包，如委托一些私营快递公司如国际快递（UPSO）、联邦快递（Federal Express）进行区域联盟成员馆间的文献传递等②。受新公共管理思想的影响，1983年，美国管理与预算办公

---

① 张璋．20世纪80年代以来的全球行政改革：背景、理论、举措与经验［J］．北京行政学院学报，2002(4)．

② Barbara F. Weaver. Outsourcing—A Dirty Word or a Lifeline?［J］. *Managing Library Finances*，1994，7(1).

室(Office of Management and Budget,简称 OMB)发布 OMB 第 A－76 号通告(Circular No. A－76),鼓励对非政府固有的功能进行外包。该通知将图书馆运营(library operation)分到商业活动下的"办公室与管理型服务"大项中,并明确指出图书馆运营(library operation)可以外包给私营企业或私有化。这意味着联邦机构的图书馆服务也属于商业服务,也可以外包或私有化,这在美国图书馆界引起了广泛争议并对联邦机构图书馆属于商业服务的划分表示强烈抗议。支持者认为公共图书馆实行外包可缓减公共服务资金的紧张,反对者则认为公共图书馆业务外包给私营部门,使得公民问责的概念被企业利润的概念代替,势必对民主社会的基本制度造成破坏[①],因为图书馆即是民主社会的一项基本制度[②]。尽管如此,此后,美国联邦机构的图书馆开始纷纷实行外包和私有化,如美国环境保护局、国家海洋和大气管理局、能源部、劳动部、人口普查局、住房和城市发展部等的图书馆。1998 年,由于外包和私有化的成本大于预期,美国国防部图书馆暂停了总馆的外包业务,陆军部也暂停了所有军队图书馆的业务外包[③]。即便如此,20 世纪 90 年代以后,外包开始越来越广泛地在美国各类图书馆中得到应用,有的取得了预期的良好效果,但也不乏由于各种原因而导致的外包失败案例。

1986 年,查尔斯顿县图书馆(Charleston County Library)在筹建新馆时就制定了外包计划,从 1992 年 4 个分馆相继建成到 1997 年主馆

---

① Ward Robert C. The Outsourcing of Public Library Management—An Analysis of the Application of New Public Management Theories from the Principal-agent Perspective [J]. *Administration & Society*,2007,38(6).

②③ ALA Outsourcing Task Force . Outsourcing & Privatization in American Libraries [DB/R]. [2014－05－19]. http://www. chinalibs. net/ArticleInfo. aspx? id = 350318.

开馆，将图书的加工和编目全部实行了外包①，收到了良好效果。1990年，新泽西州将整个图书馆系统的文献配送外包给了当地的一家快递公司，由这家公司负责6个区域图书馆的图书配送业务，由于收费是按服务站点数量计费而不是按图书数量，加上快递公司在服务站点周围的配送站数量较多，使图书配送成本大大降低。罗得岛州与新泽西州情况相似，因此也按照新泽西州的模式将图书配送外包，同样有效地降低了成本②。1995年，为缓减预算削减带来的压力，经过教育委员会"7分钟"的讨论，夏威夷州立公共图书馆系统(Hawaii State Public Library System，简称HSPLS)仓促与贝克·泰勒公司(Baker & Taylor)签署了价值1120万美元的合同，将所属HSPLS的49所图书馆的购书、分类、加工等业务全部外包给贝克·泰勒公司③，在美国图书馆界引起轩然大波。由于合同签订过于仓促，计划不够周密，人事管理不当等，再加上贝克·泰勒公司对整个项目的复杂程度估计不足，准备不够充分，致使图书馆藏书质量出现严重下滑。1998年州审计署发布审计报告称馆长Bart Kane"未能成功策划并实施解决预算削减和避免裁员的改革计划"④，最终合同以失败告终。但这一事件并没有影响外包在图书馆的继续应用。1997年7月加利福尼亚州的河滨县图书馆(Riverside County)将整个图书馆服务外包给了图书馆系统和服务公司LSSI(Library Systems and Services LLC)，这一事件被图书馆

---

① Thomas M. Walker . Outsourcing—A Customer's Perspective on the Process and the Potential[J]. *Managing Library Finances*,1996,9(2).

② Barbara F. Weaver. Outsourcing—A Dirty Word or a Lifeline? [J]. *Managing Library Finances*,1994,7(1).

③ Robert S. Martin, et al. The Impact of Outsourcing and Privatization On Library Services and Management[OL]. [2014 - 05 - 19]. http://www.ala.org/tools/sites/ala.org.tools/files/content/outsourcing/outsourcing_doc.pdf.

④ American Libraries Magazine. Hawaii Auditor Criticizes Kane[OL]. [2014 - 05 - 19]. http://americanlibrariesmagazine.org/archive/1998/january1998/hawaiiauditor.

文献大量报道并受到普遍谴责，成为美国第一个、也是最有争议的公共图书馆整体外包案例[①]，又一次引发了美国图书馆界对图书馆私有化的争议和担忧。不久，加利福尼亚的卡拉巴萨斯（Calabasas）、新泽西州的泽西城（Jersey City）也将图书馆服务整体外包给 LSSI，后者于 1998 年 10 月法院判决终止外包合同，外包宣告失败[②]。而河滨县图书馆于 1998 年 7 月和 LSSI 公司再次续签了合同，在过去的一年里，该馆的读者服务时间增加了 34%，图书的购买量几乎翻了一倍[③]。据统计，1997 年到 2012 年间已有 19 个市或县的公共图书馆曾经采用或还在采用滨河县图书馆的外包模式，目前还在实施外包的 17 个图书馆中，既有单个的图书馆也有拥有 33 个分馆的图书馆系统[④]。为指导和研究图书馆业务外包，美国图书馆学会（ALA）于 1997 年秋成立了外包工作小组（Outsourcing Task Force），并于次年冬季会议上召开了第一次工作会议，就其在图书馆业务外包的立场和所涉及的图书馆服务进行了研讨，外包被称为是此次会议的“热门”话题[⑤]。到 2008 年，美

---

① Robert S. Martin, et al. The Impact of Outsourcing and Privatization On Library Services and Management[OL].[2014－05－19]. http://www.ala.org/tools/sites/ala.org.tools/files/content/outsourcing/outsourcing_doc.pdf.

② ALA Outsourcing Task Force . Outsourcing & Privatization in American Libraries[DB/R].[2014－05－19]. http://www.chinalibs.net/ArticleInfo.aspx? id = 350318.

③ American Libraries Magazine. Riverside Renews Outsourcing Contract with LSSI[OL].[2014－05－19]. http://www.americanlibrariesmagazine.org/archive/1998/july1998/riversiderenews.

④ Heather Hill. A Look at Public Library Management Outsourcing[OL].[2014－05－19]. http://publiclibrariesonline.org/2013/04/a-look-at-public-library-management-outsourcing/.

⑤ American Libraries Magazine. ALA Midwinter Meeting Advances Literacy[OL].[2014－05－19]. http://www.americanlibrariesmagazine.org/archive/1998/january1998/alamidwinter.

国 14 个图书馆系统中有 65 个分馆或中心馆实行整体外包，约占美国公共图书馆总数的 0.7%。

相较公共图书馆，美国高校图书馆业务外包的发展速度似乎要更温和一些。当然，国会图书馆 1901 年出售卡片目录时，高校图书馆也参与了购买。1993 年，怀特州立大学图书馆取消编目部门，把全部编目业务外包给 OCLC TechPro，引起了美国图书馆界对编目外包、外包质量等的热烈讨论，随后编目外包被图书馆广泛采用。1994 年，俄亥俄州立大学图书馆开始对斯拉夫语图书原始编目的外包进行了可行性研究，并于 1995 年得出结论，认为外包比聘用图书馆学硕士进行内部加工更节约经费，于是将 25 000 种不同形式的斯拉夫语图书的原始编目外包给一家公司①。其他图书馆的编目外包诸如戴顿大学（University of Dayton）图书馆的善本编目外包②、斯坦福大学 J. Hugh Jackson Library 由 Blackwell 公司提供所购图书的书目数据③、阿德菲大学（Adelphi University）图书馆将套录编目（copy cataloging）外包给 Blackwell 公司等④。1996 年秋，新墨西哥大学（University of New Mexico）图书馆的 Claire-Lise Bénaud 和 Sever Bordeianu 对美国研究图书馆学会（ARL）的 109 个高校成员馆和 110 个中小型高校图书馆（非 ARL 成员馆）进行了外包业务调查，范围涉及馆藏发展、采购、馆藏保护、参考咨询、馆际互借、文献传递、系统、编目、规范控制等，最终有 139 个图

① Magda El-Sherbini. Outsourcing of Slavic Cataloguing at the Ohio State University Libraries—Evaluation and Cost Analysis[J]. *Library Management*, 2003, 23(6/7).

② Susan L. Tsui, Carole F. Hinders. Cost-Effectiveness and Benefits of Outsourcing Authority Control[J]. *Cataloging & Classification Quarterly*, 1999, 26(4).

③ Wilson Karen A. Outsourcing Copy Cataloging and Physical Processing: A Review of Blackwell's Outsourcing Services for the J. Hugh Jackson Library at Stanford University[J]. *Library Resources & Technical Services*, 1995, 39(10).

④ Bonnie Horenstein. Outsourcing Copy Cataloging at Adelphi University Libraries [J]. *Cataloging & Classification Quarterly*, 2000, 28(4).

书馆提交了应答问卷。调查结果表明，绝大多数图书馆实施了业务外包，只有 8 个图书馆（其中 2 个 ARL 成员馆，6 个非 ARL 成员馆）从来没有进行过业务外包。调查结果还显示，约有 70% 的图书馆实施了部分馆藏发展的外包，59% 的图书馆通过外部供应商完成部分采购任务，79% 的图书馆选择在馆外装订，37% 的图书馆将文献缩微复制外包，15% 的图书馆将文献影印外包；除 1 个图书馆将在线搜索外包之外，还没有高校图书馆将参考咨询外包，但有两个图书馆声称对于其他图书馆来讲，他们实际上承担着参考咨询外包商的角色。只有 4 个图书馆将馆际互借业务外包，约 51% 的图书馆将部分计算机系统外包，63% 的图书馆实施了编目业务外包①，但没有图书馆对文献传递实施外包。由此可见，20 世纪 90 年代，美国高校图书馆就已经普遍实施业务外包，业务外包的种类也在逐渐多样化。

1.2.2 日本图书馆的业务外包应用

20 世纪 80 年代，受新公共管理思想影响，为促进日本经济的发展，日本政府也推行了一系列的行政改革，其中涉及把民间企业已经采用的减量经营合理化和经营效率化措施扩大到国家和公共部门，以减少社会福利和文教等方面的财政支出②。在此背景下，一些公共图书馆出现了一些小规模的部分委托管理方式，即将部分图书馆业务实行外包。据 1977 年《东京都公共图书馆职员研究大会报告》提供的资料，在 93 所图书馆中，有 47 所实行分编整理方面的委托业务；1979 年日本出版界成立了株式会社 TRC 图书馆流通中心，并于 1982 年出版了书目数据 TRC MARC（约 20 万件），到 1988 年，已累计数据 50 万

---

① Claire-Lise Bénaud, Sever Bordeianu. *Outsourcing Library Operations in Academic Libraries—An Overview of Issues and Outcomes*[M]. Englewood, Colo: Libraries Unlimited, 1998:54 - 63.

② 李完稷 . 70 年代以来日本行政改革的动因和战略目标[J]. 外国问题研究，1988(3).

件，有近400所图书馆采用了TRC MARC①。1981年5月15日的《自治日报》报道，在全国542所公共图书馆中实行警卫委托的占37.7%，清扫委托的占58.5%②。1980年年初，为节约开支，日本京都市教育委员会决定将日本京都市立图书馆实行委托管理，将所有管理大权交给该市社教振兴财团。由于对实行委托后图书馆将失去专业性和公益性的担忧，这一决定遭到京都市和全国各地图书馆的强烈反对，但京都市立图书馆还是于1981年4月举行了开馆典礼。1984年，在长野地区图书馆和全国图书馆的抗议下，长野市政府做出规定：借阅、参考服务等图书馆主要部门仍然由市教育委员会负责，委托业务仅限于设备维护、清扫、计算机管理和流动书车的驾驶等范围③。

20世纪80年代后期，日本泡沫经济进入鼎盛时期，政府加大了对公共设施的投入，新建公共图书馆数量大幅增加，图书馆经费充裕，图书馆委托管理逐渐减少。20世纪90年代，日本泡沫经济崩溃，出现长期的经济萧条，为应对经济危机，日本政府放弃以前的福利国家政策，削减财政开支，推行所谓的"放松管制"（官向民让权）和"地方分权改革"（中央向地方让权）的行政改革，给公共图书馆带来了很大的影响。1997年，日本政府制定了《关于促进运用民间资金等整备公共设施的法律》，简称FPI促进法（Private Finance Initiative），允许私营部门进行公共设施的建设和运营。1998年，作为国家补助金的公立图书馆建设补助金废止。为解决政府财政困难，降低运营成本，2003年，日本修订了《日本地方自治法》，为进一步促进包括公共图书馆在内的公共设施运营的民营化改革而导入"指定管理者制度"。根据该法第224条规定，允许地方政府将公共设施的管理外包给其他团队或组织，这些团队或组织即是指定管理者，可以是私营企业、非营利组织和公社等。据调查，2009年，日本全国约3000所图书馆中，委托企业

---

① TRC書館流通センター．沿革[EB/OL]．[2014-05-26]．http://www.trc.co.jp/company/enkaku.html.

②③ 吴建中．日本图书馆界关于委托管理的一场争论[J]．图书馆杂志，1987(1).

经营的数量已达到516所，占全国图书馆总量的17%。而据野村综合研究所推算，2012年前图书服务市场还将新增私人投资1030亿日元[①]。

20世纪60年代以来的日本经济高速增长时期，日本高等教育规模迅速扩大，大学数量和在校生人数急剧上升，日本高等教育在较短的时间内实现了“大众化”和“普及化”，然而也逐渐暴露出一系列社会问题，高等教育改革的呼声日益高涨。90年代经济持续低迷期进行的行政改革中，教育改革也被纳入其中。21世纪初，日本对高等教育的改革加大了力度，实行高等教育机构的合并与重组、国立大学法人化、引进民间经营机制、引进竞争机制、强化产学结合及推进高等教育国际化等。各大学为提高自身竞争力，开始在公共关系部门增加职员，以扩大招生数量和筹措到更多款项，图书馆作为校内收入非常少的部门被认为并不是必不可少的，因此许多职位被取消，图书馆业务外包也就成为常态[②]。佐藤翔和逸村裕(2008)对日本704所高校图书馆的外包情况进行了问卷调查，收到有效应答358份。调查结果显示，外包在日本高校图书馆的应用非常广泛，尤其是在那些位于城市里的私立、中等规模和教育型大学中应用最广。作者认为，未来业务外包在这些大学图书馆的应用还有继续扩大的趋势[③]。据日本国家统计中心统计，2003年，日本已有630所高校图书馆实施外包，占高校图

① 湯地正裕．光る本棚・コンシェルジュ…図書館を変える民間委託[EB/OL].[2014-05-26]. http://book.asahi.com/clip/TKY200905310220.html.

② Nobue Matsuoka-Motley. Librarian as Commodity—Outsourcing in Japanese Academic Libraries[J]. *The Journal of Academic Librarianship*, 2011, 37(3).

③ 佐藤翔，逸村裕．大学図書館における外部委託状況の量的調査[J]. *Library and Information Science*, 2008(60).

书馆总数的 90.1%[①];而到 2013 年,日本高校实行全面外包的图书馆有 88 所,占总数的 5.9%;实行部分外包的高校图书馆有 1085 家,占总数的 73%,外包的业务有计算机应用、复印、装订、前台咨询、清洁、警卫以及额外开放时间服务等[②]。截止到 2013 年 4 月,日本的主要图书供应商之一丸善株式会社(Maruzen Co. Ltd)已经聘用 1300 名工作人员,为 136 所大学图书馆、10 所公共图书馆和 12 所专业图书馆提供外包服务[③]。

1.2.3 英国图书馆的业务外包应用

20 世纪 70 年代初期开始,英国出现了经济长期停滞现象,通货膨胀加剧,经济面临严峻的困境。1979 年,撒切尔夫人上台后开始进行福利制度改革,为节约政府开支,提高行政工作效率,大幅裁减政府文职官员;同时为推动英国经济复苏,大力强化私有化政策,主张减少政府对经济的干预。整个 80 年代,英国在餐饮、交通、清洁和日常安全等部门实行“美国式”的外包和私有化,公立图书馆相对没有变化,原因是还没有发现合适的外部承包商[④],但公共图书馆的预算一直是令人担忧的问题。1988 年,英国政府发布了绿皮书《公共图书馆的资金筹措》(Financing Our Public Library Services),提出通过扩大图书馆收费项目、与民营企业合资、实施外包等手段解决公共图书馆经费紧张

---

①② Ministry of Internal Affairs · Statistics Bureau · National Statistics Center. Outsourcing Library Operations FY2003 [EB/OL]. [2014 - 05 - 27]. http://www.e-stat.go.jp/SG1/estat/GL32020101.do? method = extendTclass&refTarget = toukeihyo&listFormat = hierarchy&statCode = 00400601&tstatCode = 000001015878&tclass1 = 000001022611&tclass2 = &tclass3 = &tclass4 = &tclass5 = .

③ Maruzen Co. Ltd. 事業内容のご紹介[EB/OL]. [2014 - 05 - 27]. http://www.maruzen.co.jp/lib/os.html.

④ David Ball, et al. A Study of Outsourcing and externalisation by Libraries [EB/OL]. [2014 - 05 - 28]. http://eprints.rclis.org.handle/10760/7935.

的问题，在英国引起了广泛讨论[①]。1992 年，英国政府开始推行私人融资计划（Private Finance Initiative，简称 FPI）的公共设施融资模式，即公共项目由私人资金启动和投资兴建，政府授予私人委托特许经营权，通过特许协议，政府和项目的其他各参与方共同分担建设和运作风险。除此之外，英国政府还提出公私合营模式（Public-private partnerships，简称 PPP），即公共部门通过与私人部门建立伙伴关系来建设和经营项目或提供服务。2000 年，英国政府成立了合作伙伴关系组织 Partnerships UK，简称 PUK，推广 PPP/PFI 理念，为 PPP 交易提供程序和管理的技术援助。

在这样的背景下，英国公共图书馆和政府图书馆一方面通过各种方式如慈善来筹集资金[②]，另一方面受 FPI 影响，通过业务外包来降低日常管理费用和人员开支。如 Burge（1998）英国卫生和社会事务部（DHSS）将图书馆服务进行公开招标，并于 1993 年与 EBSCO 签订图书供应合同；运输部（DOT）则决定关闭图书馆转而购买服务，他们与大英图书馆签订信息服务提供协议，由大英图书馆随机选出的专业图书馆员完成这项工作；利物浦的图书馆将图书采访业务外包等。1994 年，英国遗产部（Department of National Heritage，简称 DHN）还委托毕马威（KPMG）和资本规划信息中心（Capital Planning Information，简称 CPI）对公共图书馆提供的哪些服务可以实行外包进行了调查，调查报告于 1995 年出版。报告通过向英国公共图书馆发送调查问卷、访谈、文献调查的方法，对于已经实施或还未实施外包的公共图书馆调查后得出结论，认为图书馆服务全部或部分外包在技术上是可行的，但对于服务成本显著降低的预期是有限的[③]。2008 年伦敦豪恩斯洛自治

① R. J. Prichard. Change and Opposition in the 1980s: The UK Government's Proposals for the Public Library Service[J]. *Library Review*, 1991, 40(6).

② 段洁滨．英国公共图书馆的资金来源[J]. 江苏图书馆学报，1999(6).

③ David Ball, et al. A Study of Outsourcing and Externalisation by Libraries[EB/OL]. [2014-05-28]. http://eprints. rclis. org. handle/10760/7935.

区(London Borough of Hounslow)将图书馆业务整体外包给约翰莱恩整合服务公司(John Laing Integrated Services,简称 JLIS);2011 年 7 月,英国沃金厄姆自治区(Wokingham)政府决定将当地 11 所图书馆外包给私人企业,认为这将节约每年 17 万英镑的投入①。值得一提的是,大英图书馆的 CIP(在版编目数据)业务也实施了外包②。为指导越来越多准备实施业务外包的公共图书馆进行外包决策和管理等相关工作,英国图书馆与情报专家学会(Chartered Institute of Library and Information Professionals,简称 CILIP)还聘请有外包管理经验的专业人士,开设有关业务外包的培训课程"Outsourcing stock selection",内容涉及业务外包决策、实施、管理、成本和效益评估等。

20 世纪 80 年代至 90 年代,英国各大学面临着资金来源的萎缩和扩大招生的双重压力,外包被认为是用较少的投入做更多事情的有效方法。一些高校图书馆为节约业务支出而实行外包。如哈德斯菲尔德大学(University of Huddersfield)图书馆将图书上架前的加工实施外包;2012 年 8 月,伦敦城市大学(London Metropolitan University)将学校的大部分服务外包给私营企业,其中就包括图书馆设备③。有关英国高校图书馆业务外包的文献较少,David Ball(2002)经过调查后认为,不少于 10% 的高校图书馆通常在项目建设时已经实施了外包④。

---

① sourcingfocus. com. Wokingham Private Libraries Approved[EB/OL]. [2014 - 05 - 29]. http://www. sourcingfocus. com/site/newsitem/wokingham_private_libraries_approved/.

② CILIP. Outsourcing Stock Selection: Implementation and Management [EB/OL]. [2014 - 05 - 29]. http://www. cilip. org. uk/cilip/products-and-services/onsite-training/onsite-training-courses/library-and-information-20.

③ Jeevan Vasagar. London Metropolitan University to Outsource Most Services to Private Firm[EB/OL]. [2014 - 05 - 29]. http://www. theguardian. com/education/2012/aug/14/london-metropolitan-university-outsourcing-plan? INTCMP = SRCH.

④ David Ball, et al. A Study of Outsourcing and Externalisation by Libraries [EB/OL]. [2014 - 05 - 28]. http://eprints. rclis. org. handle/10760/7935.

1.2.4 我国图书馆的业务外包应用

20 世纪 80 年代,为解决各馆分散编目、分类、印刷卡片时存在的效率低、成本高以及质量参差不齐,难以实现统一标准等问题,我国开始试行全国性的随书配片,但由于出版社、图书馆各方相关利益无法协调,这一措施于 1985 年即告停止。此后,各馆开始探索新的采编方法。1988 年年初,沈阳地区开始实施地区联合采编,即由沈阳市图书馆委员会牵头,以沈阳市图书馆为主,各馆自愿参加,由沈阳市图书馆创办的沈阳北方图书经销公司负责联合采编的全部工作。该公司汇总各馆采购的新书预订数,直接从各地出版发行部门预定,到书后,经过统一分编,制作统编卡片,最后将图书和书卡同时供应给各馆①。同年 10 月,上海交通大学图书馆联合上海地区图书馆创建"上海申联文献信息技术公司",从事图书发行,统一编目和建设书刊目录数据库工作。这可以说是有文献可查的我国图书馆早期的采编业务外包。进入 90 年代,我国区域图书文献联合采编在其他地区也发展起来。1992 年 6 月,以复旦大学、同济大学、华东师范大学、铁道大学、东华大学、华东理工大学、上海大学和上海师范大学等高校图书馆为主体的采编一体化联合机构上海翔华图书有限责任公司注册成立,主要业务为收集各馆征订目录、预定、技术加工,为各馆送书配卡②;1993 年,由北京大学、清华大学、中国人民大学、北京师范大学等高校图书馆参加,在中国人民大学图书馆成立了北京图联文献信息咨询公司;1994 年 4 月,受江苏省高校图书馆工作委员会委托,南京大学图书馆、南京图书馆、金陵图书馆、东南大学图书馆等在南京师范大学图书馆成立了博文书业有限公司,河海大学图书馆、南京理工大学图书馆等在南

---

① 杨之光. 联合采编大有可为——沈阳地区联合采编汇报[J]. 图书馆学刊,1990(5).

② 吴汶麒,江文忠. 顺应时代 奋发搏击——上海翔华图书有限责任公司成立十周年回顾与展望[J]. 上海高校图书情报学刊,2001(2).

京航空航天大学图书馆成立了江苏知识书店等。

1987年,国家教委(现教育部)为改进和加强高等学校科技文献保障体系的建设,于1987年经对外经贸部批准成立中国教育图书进出口公司。1998年后,安徽省儒林图书有限责任公司、北京人天书店有限公司、武汉三新书业有限公司、成都市世云书店有限责任公司等一批民营书店相继成立。1999年6月16日,国家计划发展委员会(现国家发展改革委员会)和教育部联合发出紧急通知,决定1999年中国高等教育在年初扩招23万人的基础上,再扩大招生33.7万人,此后,高校扩招一直持续到现在。为满足教学科研需要,很多高校图书馆开始重新规划藏书体系,并突击大量采购图书,通过新华书店与联合采编中心采购图书已经无法快速达到各大高校图书馆的要求,民营书商开始进军馆配市场。为迅速占领市场,民营书商不断深化服务,将图书馆采编业务外包引进图书馆,为图书馆提供图书征订、编目、加工、上架的一整套服务①,图书馆出于节约人力、物力和提高工作效率的目的,开始逐渐接受和采用民营书商提供的成套服务。可以说,民营书商的主动出击,加速了我国图书馆采编业务外包发展的步伐。

20世纪90年代末开始,图书馆业务外包引起我国图书馆界学者的注意,开始探讨国外的做法和总结国内编目外包的经验和教训,如王萍"美国图书馆业务外包极端化的危害性分析"(1999)、朱复成"美国图书馆业务外包的得失及启示"(2000)等。进入21世纪,业务外包在图书馆应用范围逐渐扩大。

2006年,《图书情报工作》在当年第1期开辟了由中山大学图书馆馆长程焕文主持的"图书馆业务外包"专题,主要就采编业务的外包进行了讨论。专题中收录了程焕文、姜瑞其的《谈图书馆采编业务外包》一文,文中以中山大学珠海校区和东校区图书馆为例,介绍了中山

---

① 韦衣昶,何小玲. 改革开放30年来国内书商与高校图书馆合作关系的发展[J]. 图书情报工作,2012,56(1).

大学珠海校区由于采购速度快,编目速度跟不上,导致新书不能及时上架,遭到读者抱怨;东校区吸取珠海校区的教训,实行了采编业务外包,仅用半年的时间就完成了10万余册新书的采编任务,保证了及时上架流通。作者认为,“图书馆自力更生的时代已经过去,图书馆与公司企业的合作是图书馆发展的必然趋势”。正如程焕文在该专题前言中所写:“积极开展图书馆业务外包,进而解放图书馆的生产力,已经成为大势所趋。”①此后,业务外包在我国图书馆界开始广泛应用,实施外包的业务种类也不仅仅限于采编业务,还出现了诸如流通业务、文献资源采访、装订、计算机系统维护、数据库建设、网站建设、文献数字化、人力资源、物业、绿植、物流、安保、馆内咖啡厅和小卖部等的经营外包。如:2007年,国家图书馆通过招投标方式,将俄文图书的回溯书目数据制作及馆藏挂接实行外包②;2010年,海南省图书馆通过招标方式将IT运维外包;2011年,杭州图书馆通过招标方式将文献配送物流外包。2007年9月,常熟理工学院图书馆电子阅览室服务实行外包③;2008年,福建师范大学图书馆将馆藏民国期刊和大学毕业论文的数字化实施外包④;2008年4月,北京工业大学图书馆实施流通业务外包⑤,此后,北京地区高校图书馆纷纷实施了不同程度的流通业务外包,吴雪芝(2014)对北京地区高校图书馆的流通业务外包调查显示,2008年至2009年期间,共有约12所高校图书馆实施了不同程度

---

① 程焕文. 图书馆业务外包:一种无法阻挡的发展趋势[J]. 图书情报工作,2006,50(1).

② 张芳,陈玉玉. 国家图书馆俄文图书回溯书目数据制作外包回顾[J]. 图书馆建设,2010(1).

③ 孙金娟. 高校图书馆电子阅览室服务外包运作探析——以常熟理工学院图书馆为例[J]. 情报探索,2010,157(11).

④ 张毅,宋萍. 刍议高校图书馆纸质文献数字化加工业务外包[J]. 河北科技图苑,2009,22(4).

⑤ 魏育辉,万云芳,范蔚蔚. 高校图书馆流通外包的实践与思考[J]. 图书馆杂志,2009,28(9).

的流通业务外包[①]。对于公共图书馆来讲,还出现了将社区图书馆委托给其他公共图书馆筹建和管理的模式,如2005年,厦门社区(乡镇、工业区等)基层图书馆委托厦门图书馆统一筹建和管理,以托管型分馆的方式建设基层图书馆[②]。此外还有由政府主导,将图书馆的服务通过招标整体外包给其他社会机构的外包模式:如无锡新区图书馆,由政府提供基本场地条件、提供经费保障、制定服务标准,通过向社会发包,将图书馆的日常公共文化服务项目外包给具备实力的社会机构,该馆从规划、设计,到建设、营运、人员安排,除了馆长由新区管委会委派外,其余全部由外包商负责[③]。这实际上也是近些年我国提倡的政府购买服务的政策在公共图书馆的大胆尝试,亦是新公共管理思想对我国政府公共服务外包影响的结果之一。

1.2.5 国外图书馆的业务外包

1994到1995年间,IBM加拿大的全资子公司ISM(Information Systems Management)在加拿大温尼伯湖(Winnioeg)成立图书馆技术服务部(ISM Library Technical Services),开始进军图书馆外包业务领域,通过多伦多大学图书馆的联机编目支持系统(CATSS)为图书馆提供服务[④]。

Dinesh K. Gupta和Veerbala Sharma(2012)采用问卷调查和访谈的方式对印度新德里高校和科研机构图书馆的业务外包趋势进行了

---

① 吴雪芝. 高校图书馆流通业务岗位社会化研究——以首都师范大学图书馆为例[J]. 图书馆学研究,2014(7).

② 付虹. 托管型基层图书馆分馆建设模式的探索——厦门图书馆的分馆建设实践[J]. 图书馆杂志,2009,28(8).

③ 贺伟. 政府购买图书馆公共服务的新尝试——以无锡新区图书馆为例[J]. 图书馆杂志,2014(2).

④ Mary Jane Gordon, Les Moor. Creating a Library Technical Services Outsourcing Operation[J]. *The Serials Librarian*,1997,32(1-2).

调查,调查结果显示,这些图书馆中大多数出于专注核心业务、增加用户满意度和服务质量、节省人力、时间和运行成本等原因而选择了部分业务外包,外包的业务范围包括图书馆自动化业务、软件开发、网站和数据库建设、文献数字化、硬件设备维护以及复印、装订、保洁和安保等。大多数图书馆都希望能在自动化领域和图书馆的非专业服务中拓展外包的应用,从而专注核心业务①。

综上所述,不论是发达国家,还是发展中国家,业务外包已经渗透到各类图书馆的许多业务领域。各国图书馆实行业务外包,其目的之一都是为了节约图书馆运营成本,进而维持或提升图书馆服务水平。然而,由于各国政治、经济和社会环境的不同,具体实施的方法、模式和发展水平也各有不同。但总体来讲,国外一些发达国家的图书馆业务外包实施相对较早,已有30多年的历史,我国的图书馆业务外包虽然发展相对较晚,从2006年以后才开始得到较为广泛的应用,但近几年发展速度较快,已在多种业务中实施外包,关于外包的讨论和研究也逐渐增多。

1.3 图书馆业务外包的概念及分类

1.3.1 图书馆业务外包的概念

众所周知,图书馆业务外包是将企业管理思想移植到图书馆管理实践中的结果。1990年,著名的管理学家加里·哈默尔(Gary Hamel)和CK. 普拉拉德(CK. Prahalad)在《哈佛商业评论》上发表了《企业的核心竞争力》一文,文中首次提到了"外包"的概念,即英文"Outside Source Using"的缩写"Outsourcing",指企业将其非核心业务通过合同

---

① Dinesh K. Gupta, Veerbala Sharma. Evidences of Outsourcing in Science and Technology Libraries of Delhi[J]. *Library Management*, 2012, 33(4/5).

方式分包给其他企业承担，而自己则专注于核心业务的发展，从而降低成本，提高效率，充分发挥自身核心竞争力。西方学者 Loh 和 Venkatraman（1992）认为外包就是外部供应商从事与企业整体或部分生产设施相关的物资或人力资源活动；Lei 和 Hit（1995）认为外包是依赖于外部资源制造部件或从事其他增值活动①；美国外包协会（Outsourcing Institute）认为，“业务外包是一种通过有选择地将一些功能及其日常管理，转交给第三方供应商来围绕核心能力进行的企业重新设计”②。

业务外包管理模式引入图书馆后，学者们对图书馆业务外包的定义基本上有两种类型，一种是认为外包是图书馆将其非核心业务承包给馆外的社会机构，强调核心业务与非核心业务的区分，如石继平（2004）认为外包是“图书馆将非核心功能通过合同外包给社会机构来完成，以便集中自身的力量搞好改变基础结构，提高核心功能的工作”③。冯进（2004）认为“图书馆业务外包是图书馆参照工业企业外包模式提出的一种新型管理方法，即把图书馆的一些事务性和技术性业务外包给专业公司（团体）来完成”④。谢耘（2006）认为图书馆业务外包是指“图书馆将主要精力集中于核心业务（如资源建设、信息咨询、读者服务）上，充分发挥其优势和专长，而将其非核心业务转交给图书供应商与相关企业完成”⑤；另一种观点则认为外包是将图书馆的全部或部分业务委托给馆外的企业或组织承包管理，强调把本应该由图书馆内部完成的工作委托给馆外机构完成，如美国图书馆学会外包工作组 1999 年提交的报告 Outsourcing & Privatization in American

---

① 徐姝．西方业务外包研究成果评介［J］．外国经济与管理，2003，25（12）．

② 申光龙．业务外包战略的决策框架与电子制造服务［J］．深圳大学学报（人文社会科学版），2001，18（4）．

③ 石继平．图书馆实施业务外包及其策略［J］．图书馆杂志，2004，23（4）．

④ 冯进．业务外包：增强图书馆竞争能力的战略［J］．图书馆建设，2004（5）．

⑤ 谢耘．论高校图书馆采编部业务外包的战略实施［J］．图书馆论坛，2006，26（2）．

Libraries 中对外包的定义是"Outsourcing is the contracting to external companies or organizations, functions that would otherwise be performed by library employees"①,即外包是将图书馆馆员应该履行的职责承包给外部企业或组织。李亚君等(2011)认为业务外包是"将图书馆的业务工作通过签约,由图书馆将其工作的全部或部分委托给其他机构代为处理"②。蒋鸿标(2012)认为,图书馆业务外包是"图书馆通过签订合约的方式,把本来应由图书馆承担的业务活动和服务全部或部分转包给外部机构代理的一种管理方式"③。受新公共管理思想影响,20 世纪出现在美、英、日等国家的公共图书馆整体外包,也即公共图书馆的私有化,就是将图书馆的业务活动和服务全部外包的案例。由于担心图书馆公益性的丧失及大幅裁减图书馆员,整体外包从其诞生以来就受到图书馆界的强烈反对,因此整体外包更多地被称为"私有化"。如上文所述美国图书馆学会外包工作组 1999 年提交的报告中就对图书馆私有化做出了明确的定义,"将图书馆服务的管理和政策制定或图书馆服务的核心职能全部由公共部门转移至私人部门",并对图书馆的核心服务也做了描述,认为图书馆的核心服务包括"馆藏的发展和组织、收集和提供信息、使馆藏方便所有图书馆用户使用、为用户利用馆藏提供帮助以及对上述活动的监督和管理"。

随着互联网和信息技术的飞速发展,图书馆的外部政策和社会环境、技术、读者的需求等发生了很大的变化,图书馆的核心业务也在不断变化之中。但不管核心业务如何变化,图书馆采取何种外包方式,

---

① Robert S. Martin, et al. The Impact of Outsourcing and Privatization On Library Services and Management. [2014 - 04 - 08]. http://www. ala. org/tools/sites/ala. org. tools/files/content/outsourcing/outsourcing_doc. pdf.

② 李亚君等. 供需互动 实现双赢——图书馆采编业务加工外包的实践及思考[J]. 图书馆理论与实践,2011(3).

③ 蒋鸿标. 新形势下高校图书馆服务功能定位研究——对编目业务外包的反思[J]. 图书馆,2012(1).

不论是整体外包还是部分外包,核心业务的内容会在一定时期内保持相对稳定,因此,我们从核心业务的角度对图书馆业务外包给出定义,即广义的图书馆业务外包是指将图书馆全部业务或部分业务委托给馆外机构承包管理;狭义的图书馆业务外包指图书馆将非核心业务委托给馆外机构承包管理,以便集中精力建设核心业务。

1.3.2 图书馆业务外包的分类

经过几十年的实践,图书馆业务外包从最初以编目外包为主,逐渐向其他业务种类扩展,目前已实施外包的业务类型主要有以下几种:

1. 采访业务外包

指图书馆将文献资源的全部或部分采购业务外包给供应商。按选书方式分为纲目选书和书目圈选。纲目选书(Approval Plan)也称作“自动配书”,其服务方式又分为试销服务(on approval)和新书报道(new title announcement service)。试销服务是指由图书馆制定购书纲目(Profile)并提供给书商,书商根据购书纲目主动将新书提供给图书馆,图书馆根据样书进行挑选,把符合要求的图书留下,把不符合要求的图书退还给书商,但在退还图书的数量或比例上有一定的限制,购书纲目也需要随着退书率、馆藏政策、经费等的变化而进行修改;新书报道是指书商按图书馆提供的购书纲目把即将出版的新书书目用新书报道单的形式寄发给图书馆,或通过网络发给图书馆,或者授权图书馆在书商的网站上浏览新书报道单,进行即时订购。购书纲目首先由书商或图书馆制定出主题词表和若干个非主题参数(Non Subject Parameters,简称 NSP),如图书的学术水平、读者对象、图书类型、版本、语种、国别等,图书馆根据自己的馆藏政策、所服务读者情况等选择主题词和若干非主题参数,即为购书纲目。可以说购书纲目是纲目购书成功与否的关键,需要图书馆反复调研、斟酌和审核,才能制定出切合当前图书出版情况和满足图书馆需求的较为合理的购书纲目。

纲目选书适合那些经费充足、馆藏相对完整、图书订购量大的大型图书馆，不适用于经费相对较少、图书订购量和种类较少的小型图书馆。购书纲目制定时间较长，并需要反复修改，否则极易失败。

另一种方式是由书商提供征订书目，图书馆根据馆藏政策、读者选书等对征订书目进行圈选、查重、汇总、审核，最后根据经费情况制定出购书清单，直接委托书商进行订购。这种方式适合于经费控制较为严格的中小型图书馆，或专业特点较为突出的高校图书馆，由于有采访人员对采购书目的筛选和把关，因而采购质量较为可靠。但由于征订书目由书商提供，其广度和深度不易掌握，从而对采购质量造成影响。

2. 编目业务外包

是指图书馆把编目业务的部分或者全部工作委托给馆外供应商，其主要目的是降低成本、加快新书上架时间。编目业务外包按加工地点的不同可分为外送加工模式和到馆加工模式，按外包工作的范围可分为全部编目外包和部分编目外包。

外送加工模式即图书馆将图书送到外包服务商的经营加工场所进行加工或通过书商订购图书后，由书商直接加工后再送到图书馆验收上架的一种模式。图书加工所需的辅助材料和人工费用都由外包商承担，图书馆只需提出加工需求，无需委派加工人员。这种模式的优点是为图书馆节约场地、人员和资金，缺点是由于图书馆不直接参与加工过程，编目质量和进度不易控制。

到馆加工模式是外包服务商根据图书馆的要求，派出专业的图书编目加工人员到图书馆完成图书分类、编目、加工等工作的一种模式。图书加工所需的辅助材料和加工人员的工资等费用都由外包商承担，或根据双方协议由图书馆承担一定的材料费。这种模式的优点是图书馆编目人员可以直接参与和监督整个加工过程，有利于在工作中随时发现和解决问题，对编目的质量和进度容易控制。缺点是需要图书馆提供一定的场地和设备，如图书馆对编目有特殊要求的，还需要对委派的编目人员进行前期培训。

全部编目外包是指图书馆将图书的整个编目业务流程外包，包括粘贴磁条和图书期限表、盖馆藏章、盖书口章、粘贴条形码、制作编目数据、盖保留本章、粘贴索书号等一系列的加工工序，图书馆只需配备编目校审员，图书经审核验收后即可上架。

部分编目外包是只将编目业务的一部分工作委托给外包商，如粘磁条、盖馆藏章，贴条码等，图书到馆后由图书馆验书、分编、贴书标、上架，其中专业性较强的分类编目主要由图书自己完成，外包商只对有数据可套的图书进行分类编目。

在我国，目前新购图书的编目外包服务一般由图书供应商随所购图书免费提供，包括按图书馆要求进行图书的加工（盖章、贴条码、夹磁条、贴期限表、贴书标等）、提供书目数据等。回溯性编目，政府文件、特藏文献、西文文献、学位论文、索引、录像、磁盘、光盘、微缩文献等的编目，一些图书馆也采用了外包加工的方式。国外的编目外包商除书商（如 Baker & Taylor）之外，还有专业从事编目或图书馆业务外包的公司或组织，如 1967 年成立的联机计算机图书馆中心（OCLC）就是为世界各地图书馆提供编目外包的供应商，美国图书馆的专业服务商图书馆系统与服务公司（LSSI）编目业务外包也是其重要业务之一。

3. 流通业务外包

流通业务外包是指将书库和阅览室的部分或全部日常工作委托给外包服务商，由其派外包人员进驻图书馆工作，图书馆与外包商共同对外包工作进行指导和监督。具体外包的工作范围主要有图书上架、顺架、倒架，书库和阅览室的日常管理和秩序维护、倒库、借还书等。2008 年前后，我国一些图书馆开始逐步实施流通业务外包，以期达到节约人力、物力、提高工作效率的目的。有的图书馆只将书库上架、顺架、倒架等工作外包，借还书服务仍由馆内人员来做，或者根据在编人员变化逐步实施外包；有的图书馆则将流通业务全部外包。

4. 自动化业务外包

20世纪50年代,北美和英国的图书馆开始进行计算机在图书馆的应用研究和试验,进行图书馆单一业务的单机脱机批处理程序的应用,这是早期的图书馆自动化系统。到了70年代初期,图书馆自动化系统由单一功能向综合管理功能转变,并开始出现商业化的图书馆自动化系统。如1978年成立的Innovative公司就是一家图书馆自动化系统的专业软件公司;1974年,美国弗吉尼亚理工大学所属纽曼图书馆设计开发了OPAC和自动流通系统,后来通过对该系统的不断改进,形成目前在各类图书馆使用的VTLS Classic,在此基础上,弗吉尼亚理工大学于1985年宣告VTLS公司成立,负责开发和销售VILS软件;1986年,世界上最大的图书馆自动化集成系统开发商Ex Libris成立。

20世纪70年代,我国图书馆界开始图书馆自动化系统的研究和试验,到20世纪90年代,除了个别的图书馆有条件自行研发自动化系统外,大部分的图书馆将这一业务外包给专业厂商来做。如1995年成立的北京金盘鹏图软件技术有限公司,开发和销售金盘系列图书馆自动化系统软件;1999年由江苏省高校图工委牵头、南京大学、东南大学等几十所高校图书馆共同研发了汇文图书馆集成管理系统,并成立了江苏汇文软件有限公司,在全国范围内推广销售;1998年,深圳图书馆承担并研制成功了图书馆自动化集成管理系统(ILAS),并于1999年融资后成立了深图朗思数字技术有限公司,开发和销售ILAS系列图书馆自动集成系统。

20世纪90年代以后,随着互联网的发展和计算机在图书馆的大量使用,图书馆自动化系统也向着集成化、综合性管理方向发展。目前,图书馆自动化系统已从以资源管理为中心转变为以读者利用为中心,商业化的自动化系统更加完善,大部分的图书馆都采用外包的方式,而很少自行研发。但无论是国外还是国内,在图书馆积极参与和自身发展需求的推动下,加之图书馆缺乏专业的计算机研发人员,图书馆自动化系统外包市场迅速发展,并很快在图书馆得以广泛应用。

图书馆自动化系统外包的方式主要有两种,一种是图书馆直接移植供应商提供的整套解决方案,一种是委托供应商依据图书馆的需求进行开发和设计。两种方案均由供应商提供软件系统、硬件设备和售后服务。

5. 数字资源建设外包

数字资源是指图书馆引进(包括购买、租用和受赠)或自建(包括扫描、转换和录入)的拥有磁、光介质或网络使用权的数字形态的文献资源①。数字资源建设是数字图书馆建设的重要组成部分。除引进的数字资源外,自建数字资源(包括资源整合)由于建设工作量繁重、庞杂,需要投入大量的人力、物力和技术支持,因此很多图书馆通过全部或部分外包进行相关的建设。自建数字资源包括书目数据库建设、特色数据库建设、馆藏文献资源数字化建设、机构知识库建设、数字资源整合等。

在书目数据库建设中,软件平台或使用已有的软件系统,或采用外包的方式更新为新的软件系统;回溯数据和新书编目由于工作量大,工作内容细致复杂,在人员紧缺的情况下,多数图书馆选择外包;对于特殊馆藏的编目外包,还需要前期对外包人员进行相关的培训。

特色数据库和机构知识库建设的外包有两种方式。一种是图书馆向软件公司购买用于特色数据库建设的数据库管理系统,软件公司负责安装、培训后由图书馆人员完成数据的收集和加工;另一种方式是由图书馆提出建设要求,外包商负责系统平台开发和全部内容建设,后期的内容更新和系统维护也由外包商负责,或者外包商只负责其中一部分内容的建设,其余部分和以后的内容更新由图书馆承担,外包商只负责系统的维护。在我国,商业化的特色数据库平台有 TPI

---

① 教育部高等学校图书情报工作指导委员会,高等教育文献保障系统(CALIS)管理中心. 高等学校图书馆数字资源计量指南[DB/OL]. [2014-06-10]. http://www.chinalibs.net/ArticleInfo.aspx?id=94380.

信息资源建设与管理系统、TRS 全文数据库系统、DIPS 数字文献处理系统、方略知识管理系统、麦达特色资源数据库系统、方正德赛(DESI)系统等。

馆藏文献资源数字化建设不仅需要专业技术人员,还需要图书馆配备相应的专用设备,需要投入的资金和人力较多,因此许多图书馆选择实施外包。外包的方式包括整体外包和部分外包。整体外包是指将整个数字化项目建设全部外包给外包商,外包商根据合同要求完成整个数字化项目,最后向图书馆提交成品;部分外包则是由图书馆工作人员负责项目的关键流程,如质量监督、人员培训等,其他工作由外包商完成。目前图书馆实行数字化外包的文献主要有回溯建库文献的数字化,古籍、缩微文献、特藏、地方文献等的数字化等。

6. 古籍修复业务外包

早在 1994 年,复旦大学图书馆古籍部对全国 22 所公共图书馆和 38 所高校图书馆古籍工作情况调查后认为,全国古籍收藏量约在 5000 万册以上①。由于年代久远,收藏单位保护环境不理想,保护设施不完善,再加上鼠啮虫蛀、酸化发霉等,许多古籍破损严重,但图书馆古籍修复人员却青黄不接。2003 年起,一些高校开设了古籍修复专业;2007 年国家古籍中心启动古籍人才培养计划,使古籍修复人才匮乏情况得到缓解。但目前古籍教育学历普遍较低,多数为大专学历②,而高校图书馆引进人才多要求硕士以上学历,因此很多古籍修复专业毕业生并未能进入图书馆工作,使得图书馆古籍修复人才缺口依然存在,加上古籍修复设备昂贵,对于亟待修复的古籍,一些图书馆采用了外包的方式,将破损古籍的修复委托给民营的古籍修复公司来做。

目前古籍修复业务外包主要有两种形式,一种是由外包商派技术

---

① 复旦大学图书馆古籍部. 中国图书馆古籍工作的现状与展望[J]. 津图学刊,1997(1).

② 胡万德,孙鹏. 古籍修复人才培养现状调研报告[J]. 图书馆论坛,2012,33(2).

人员进驻图书馆进行修复，图书馆提供工作场地，修复所用材料及设备由外包商提供，或者根据协议由图书馆提供一部分材料；另一种形式是外包商将需要修复的古籍运送到其经营场所进行修复，修复所用材料和设备由外包商提供。

7. 文献物流业务外包

20 世纪 90 年代，美国一些州的公共图书馆系统就将文献物流外包给当地的快递公司，节约了成本，提高了图书配送效率。在我国，随着公共图书馆服务网络的逐步建立，分馆数量、街区自助图书馆和基层服务网点的增加、馆际互借的开展，文献在馆际间的流通量加大，在一些地区，图书馆自备的流动书车已不能满足这种日益增长的文献服务需求。一些地区的公共图书馆中心馆开始考虑将文献物流业务外包给第三方物流公司，利用物流公司在物流基础设施、物流配送技术上的优势，节约文献物流所需经费，提高配送效率。如 2007 年，上海图书馆将 37 家分馆、58 家基层服务点、预约外借和文献传递等的文献物流通过公开招标全部委托上海邮政公司承运，成为国内首家实施文献物流外包的省级公共图书馆①。杭州图书馆也将其服务体系的文献物流配送及分拣、点对点单程文献配送、馆际互借文献及相关文本材料快递、24 小时街区自助图书馆物流配送、维护及文献调拨等通过公开招标方式实施了外包。

8. 馆内休闲场所经营外包

近几年，随着“图书馆作为市民家庭空间、工作空间之外的第三空间”的提出，图书馆在功能设置上不仅考虑读者学习、研究和获取信息的便利，也为读者开辟了社交、休闲为主要目的的活动空间，如咖啡厅、书吧等。2009 年，国际图联在意大利都灵市举行的卫星会议主题即为“作为第三空间的图书馆”。我国很多高校图书馆和公共图书馆

① 上海图书馆协调辅导处．国内首家省级公共图书馆文献物流社会化启动——中心图书馆文献物流社会化签约仪式[DB/OL]．[2014-06-10]．http://www.library.sh.cn/news/list.asp?id=4920.

新建馆舍开设了供读者休闲的咖啡厅、茶座等,并把其经营管理委托或出租给馆外人员或企业。一般由图书馆提供场地并进行整体装修,外包商负责内部装修,并每年向图书馆交纳一定的管理费和履约保证金,实行自主经营,自负盈亏。经营范围主要是食品类和商务类,如有包装的点心或灌装饮料,以及现场制作的其他饮料等;还可为读者提供复印、打印和其他电子文档的制作等。规模较小的图书馆则开设有小型的方便读者购买食品和饮料的"小卖部",委托馆外人员进行经营管理。

9. 物业管理外包

图书馆的物业管理主要包括图书馆公用设施设备的管理和维护、公共环境的清洁卫生、绿化以及交通、车辆行驶和停泊管理等。公用设施设备是指给排水设备、供电系统、中央空调系统、电梯、消防系统、安防监控系统等。物业管理虽然不是图书馆的核心业务,却是做好读者服务工作必不可少的基础性工作。随着图书馆事业的发展,图书馆的建筑面积越来越大,相应的公共设施设备、供电系统、消防系统等的规模也在加大,需要有专人进行养护、修缮和管理,工作量大、任务繁重,因此,很多图书馆采用外包的方式进行物业管理。物业管理外包一般有两种形式:一种是由图书馆自己组建物业管理公司进行管理,另一种是通过公开招标的方式委托社会上的物业公司进行部分或全部业务的管理。物业管理外包的服务范围通常包括:工程管理,即建筑物主体及配套建筑设施的维护和管理,建筑物室内、室外维护和管理,庭院院墙、道路、花坛围栏养护及维修;共用设施、设备的维护、养护、运行和管理,即机电设施设备的维护和管理,给排水设施、设备的维护和管理,消防、安防监控系统、楼宇自控系统等设施、设备的维护和管理,公用设施和建筑物,附属构筑物的管理及维护。此外还有保洁服务,安全保卫工作,交通秩序的维护,馆舍门前、地下车场机动车、非机动车停放秩序的管理,工程管理的设备档案、设施设备运行和维修记录资料保管等。

10. 图书馆整体外包

是指将图书馆全部或绝大部分业务委托馆外机构执行，主要是指20世纪80年代美国、日本、英国等国家受新公共管理思想影响，由政府发起将公共图书馆总体外包给私营企业的图书馆运作方式。图书馆整体外包是西方国家进行的政府行政改革的一部分，是为缓减政府对图书馆的财政压力，通过私营企业对图书馆的管理达到节约成本、提高服务质量和效率的目的而采取的措施。但由于公共图书馆整体外包涉及图书馆人事精简而导致的裁员、图书馆有可能丧失政府给予的资金支持等，一直以来受到图书馆界的抵制和诟病，人们担心私营企业的利益至上的本性，会使整体外包后的图书馆服务质量下降，馆藏发展不平衡，政府失去对其服务及预算使用的控制，甚至危及用户隐私和妨碍知识自由等，最终将导致公共图书馆的公益性逐渐丧失。

在我国，政府公共服务外包是20世纪末和21世纪初开始推行的政府购买服务政策的主要形式，但公共图书馆整体服务外包的尝试也仅仅是最近几年才出现。如2010年，无锡新区以政府购买公共服务的方式，把无锡新区图书馆的建设、管理、运行和服务外包给私营企业，除了馆长由新区管委会委派外，其余全部由外包商负责①。2014年6月，合肥滨湖世纪社区图书馆揭牌，该馆在运作方式上采用了政府投入、委托运管、业主监管、免费开放的"全流程外包服务"，即从图书馆的前期规划建设、功能设计、设备安置到建馆后的运营管理，均委托给专业的外包商进行，作为委托方，政府一方面"购买服务"，另一方面实施监督考核，外包商则严格按照合同标准履行责任②。

随着业务外包在图书馆的应用范围越来越广，研究越来越深入，为应对读者不断变化的需求，图书馆也在研究和尝试其他业务的外

① 贺伟．政府购买图书馆公共服务的新尝试——以无锡新区图书馆为例[J]．图书馆杂志，2014(2)．

② 李隆杉．公共文化服务外包开启合肥社区图书馆新格局[EB/OL]．[2014－07－30]．http://www.ah.xinhuanet.com/2014-06/13/c_1111135935_2.htm.

包,如前台读者咨询、人力资源管理、学科服务、定题查新等。

1.3.3 图书馆业务外包的新形式——众包

Jeff Howe 在美国《连线》杂志 2006 年 6 月刊首次提出了众包的概念,即“一个公司或机构把过去由员工执行的工作任务,以自由和自愿的形式外包给非特定的(而且通常是大型的)大众网络的做法。众包的任务通常是由个人来承担,但如果涉及需要多人协作完成的任务,也有可能以依靠开源的个体生产的形式出现”[①]。众包的概念一经提出,就在很短的时间内在国际大型企业应用并获得收益,目前企业界对众包的研究和实践热情依然不减。而国外图书馆在实践中成功应用众包的例子也不鲜见。如 2008 年 1 月,美国国会图书馆与 Flickr 合作,选定了 4615 幅照片在 Flickr 与公众分享,让用户为这些历史照片标注和评论。截至 2008 年 10 月 23 日,收到了 2562 个 Flickr 用户为 2873 张照片发表的评论 7166 条,2518 个 Flickr 用户贡献了标签 67 176 个[②]。再如纽约公共图书馆(NYPL)拥有世界上最大的饭店菜单收藏,该馆保存有 1840 年以来的约 45 000 份饭店菜单,经常有历史学家、厨师、小说家和食品爱好者借阅使用。为方便读者检索和利用,纽约公共图书馆决定将这些菜单数字化,将其转换为可供用户检索的文本,需要从菜单的扫描图片中将菜名摘录下来。考虑到实际工作量太大,NYPL 开发了用户界面及相应的工具软件,并在网上发布公告,寻求读者和用户的支持。2011 年 4 月,他们将首批约 9 000 份菜单上传到 NYPL 的数字画廊,热情的志愿者仅用了 3 个月的时间就将全部菜名摘录完成。目前,这一项目还在继续,并且已经有 17 242 份

---

① Jeff Howe 著;牛文静译. 众包[M]. 北京:中信出版社,2009:4-26.

② Michelle Springer, et al. For the Common Good: The Library of Congress Flickr Pilot Project[DB/OL]. [2014-05-18]. http://www.chinalibs.net/ArticleInfo.aspx?id=354412.

菜单中的 1 288 799 道菜名被摘录完成[①]。其他还有如澳大利亚国家图书馆 2006 年实施的“图片澳大利亚”项目，与 Flickr 合作，鼓励民众将自己拥有的照片上传并保存在“图片澳大利亚”中心库，截至 2009 年 10 月，已有 2641 名志愿者上传了 5566 幅照片。澳大利亚国家图书馆似乎尝到了众包的甜头，在“澳大利亚报纸数字化项目”中再次引进众包，对报纸数字化后的文本进行校对，从 2008 年 8 月至 2009 年 11 月，共有 840 万篇文章被读者检索和修正[②]。

同样都是利用和整合组织外部资源，众包与外包的区别在于，众包利用的是组织外部个体用户的资源，是由用户和图书馆共同来承担任务，实现了图书馆与用户的充分互动与合作。同时，合作的过程也是图书馆进行自我宣传的过程，拉近了与用户的关系，增强了用户的黏着度。

1.4 图书馆业务外包的研究意义

随着信息技术和互联网的发展，读者获取信息的途径和方式越来越多样化，传统的图书馆服务模式已不能满足读者日新月异的信息需求，图书馆不再是获取信息的唯一场所和手段，其作为社会信息中心的地位开始动摇，再加上政策、经济、社会环境变化的影响，21 世纪的图书馆已深刻感受到危机的存在，极端的理论甚至认为图书馆在未来将会消失，互联网的普及和人们阅读习惯的改变，使得人们不再需要图书馆。现实的情况是，图书馆虽然没有消失，虽然还在不断发展中，

---

① New York Public Library . What's on the menu? [EB/OL]. [2014 - 05 - 18]. http://menus. nypl. org/about.

② Rose Holley. Crowdsourcing: How and Why Should Libraries Do It? [J/OL]. *D-Lib Magazine*, 2010, 16(3/4) [2014 - 05 - 18]. http://www. dlib. org/dlib/march10/holley/03holley. html.

但我们不得不接受读者到馆率、文献利用率逐年下降的事实[①]。为应对危机,图书馆界从未停止过积极的探索,图书馆的管理和服务也在进行着深刻的变革。业务外包作为图书馆引入企业管理思想的结果,成为现代图书馆应对危机、提高自身竞争力、改善读者服务水平的有效途径之一,经过世界各国图书馆多年的实践,为图书馆事业的发展注入了活力,取得了一定的成果,也经历了失败的挫折,因此,总结图书馆业务外包的经验和教训,研究其在图书馆领域的有效利用和发展趋势,对于图书馆事业的发展有着重要的现实意义。

(1)通过研究业务外包,认识业务外包的理论基础和本质,有助于图书馆做出正确的外包决策,冷静地思考图书馆引入业务外包的基本诉求。业务外包的管理方式来自于企业,企业的终极目标是利润的最大化,业务外包是企业达成这一目标的管理手段之一。图书馆的终极目标是满足读者的需求,利用有限的资源为读者提供价值最大化的服务。因此,了解和研究业务外包的理论和原理,找出图书馆与企业的联系和不同之处,发挥企业管理思想应用于图书馆的积极作用,从本质上认识业务外包在单个图书馆和图书馆整个行业发展中的积极作用以及可能产生的不利影响,形成用于指导图书馆业务外包的理论,有助于我们把握正确的发展方向,在保持图书馆事业公益性的前提下做出正确的外包决策,扬长避短,最大限度地发挥和利用业务外包的优势,为我国图书馆事业的发展做出贡献。

(2)通过研究国内外图书馆业务外包的发展历程,总结成功的经验和教训,为图书馆业务外包的决策、实施和管理提供借鉴和参考。业务外包从20世纪90年代被明确提出并在图书馆广泛应用以来,到现在已经走过30多年的历程,这其中有成功的经验,也有失败的教训。由于各国政治、经济、文化和社会环境等的不同,各国图书馆业务外包成功或失败的原因也是多方面的,有外部的因素,也有图书馆内

① 柯平. 当代图书馆服务的创新趋势[J]. 高校图书馆工作,2008,124(28).

部的因素,有经济的影响,也有政策的干预或支持。我们既要研究和总结成功的经验,更要关注和研究失败的教训,在前人实践和研究的基础上,结合自身的情况,做出正确的决策,实施有效的管理,进而达成既定的目标。

(3)通过研究和分析图书馆业务外包的现状,掌握外包市场的变化情况,预测图书馆业务外包的发展趋势,做到有备无患,有助于图书馆做出合理的外包决策,从宏观上合理规划和制定图书馆的管理和发展策略,使业务外包成为图书馆整体战略规划中的重要组成部分,而不是临时救急或局部改善的暂时性手段。研究图书馆业务外包的发展趋势,必然关注图书馆未来的发展趋势,有助于图书馆制订长远的战略规划和管理策略。

1.5 图书馆业务外包研究现状

1.5.1 国内图书馆业务外包的研究现状

20 世纪 90 年代后期,图书馆业务外包的理念被引入到我国图书馆界,很多图书馆开始实施诸如编目、采访等的外包。到 21 世纪初,外包业务在图书馆的应用越来越广泛,并引起学者们的关注,许多学者围绕外包的相关问题进行了广泛深入的研究,发表了大量的研究成果。

1. 文献数量及时间分布

在中国知网全文数据库(CNKI)中输入检索词“图书馆” + “外包”,在“图书情报与数字图书馆”学科进行精确检索,共检索到文献 933 篇[①],其中 1999 年 3 篇,2000 年 2 篇,2001 年 3 篇,以后逐年增长,2006 年为 66 篇,之后除 2013 年为 87 篇外,其余每年发表的论文数量

① 检索时间为 2014 年 9 月 28 日。

均在100篇以上。可见随着图书馆业务外包的广泛应用,对外包相关问题的研究也呈逐年上涨的趋势。

2. 研究的主要问题及其观点

(1)对于业务外包利弊和决策的研究。外包业务虽然已在图书馆得到了广泛应用,并取得了很大的成效,但随着实践的增多,发现的问题也不少,不少学者对外包利弊的冷静思考和分析,对外包业务在图书馆的有效应用起到了一定的促进作用。对于业务外包的有利之处,多数学者认为业务外包可以弥补图书馆人员的不足,节约经费,提高工作效率,从而改善图书馆的整体服务水平。不利之处则是容易催生馆员的消极情绪,使其工作质量下降,降低组织的内部凝聚力①;图书馆对外包质量难以控制,存在一定的风险②;盲目外包可能导致图书馆失去创新能力和核心竞争力③;还有学者担心外包会使公共图书馆逐渐边缘化,进而使其公益性和学术性发生衰退④。

图书馆业务外包利弊共存已成共识。多数学者认为应在外包前期进行合理的决策,根据实际情况适度外包;在外包执行过程中要有有效的管理措施,从而降低质量风险;外包后期要对外包业务质量进行有效的评价和经验总结,外包业务的成功实施才能有保障。如王国庄(2008)认为图书馆业务外包更多是按照业务本身及图书馆发展规律的要求进行,而不仅仅是市场规律,因此图书馆核心业务不宜外包,或者不宜将对业务起关键作用的核心环节全部外包⑤。伍亚萍提出了一种基于外包业务的重要性/外包风险、外包业务量两个维度的图书

---

① 任伟等. 图书馆业务外包研究[J]. 图书情报工作,2011(增刊2).

② 杨勇. 图书馆外包业务初探[J]. 图书馆学研究,2000(4).

③ 连萍萍. 图书馆业务外包的利弊分析和对策[J]. 现代情报,2007(6).

④ 冉文革. 论图书馆业务外包[J]. 图书馆,2008(2).

⑤ 王国庄. 图书馆核心业务与业务外包的再思考[J]. 图书情报工作,2008,52(2).

业务外包交易方式决策模型[①];颜丽玉则认为首先要明确图书馆的核心业务是什么,其次是通过选择合理的业务外包模式、确定正确的业务外包范围、建立健全业务外包机制、严格把好业务外包质量来完善业务外包策略,同时要避免业务外包极端化[②]。

(2)对具体外包业务的研究。编目业务外包是在图书馆应用最广泛的外包业务,在实践中发现的问题也较多,因此研究编目外包的文献占整个图书馆外包业务研究文献的比例较大,研究的重点主要集中在编目外包的质量监督与评价方面。由于目前我国图书馆新书编目外包主要由书商提供,因此,作者往往将采访和编目放在一起来研究。很多作者提出了编目外包实施中出现的质量问题及其产生的原因,给出了进行质量控制和评价的策略、模式、方法以及在实践中获得的经验和启示。如曹秋霞(2008)分析了广东工业大学图书馆编目外包中出现的主要问题有典藏分配不合理、著者号不正确、分类号不准确、多卷书著录不符合要求等,指出外包商提供的数据来源不同,外包编目人员专业水平不高、流动过于频繁是造成编目质量参差不齐的主要原因[③];还有学者从宏观角度分析,认为免费服务是编目外包质量差的根源[④];杜欣明(2012)提出通过技术干预模式,即图书馆通过对专业技术水平较低的外包人员采取明确、有效的措施,提升其专业技术水平,使其熟悉本馆的编目特色,以达到降低外包质量风险的目的[⑤];余恒鑫

---

① 伍亚萍. 选择性图书馆业务外包决策分析[J]. 情报杂志,2007(7).

② 颜丽玉. 论图书馆业务外包之策略[J]. 情报探索,2005(7).

③ 曹秋霞. 高校图书馆编目业务外包质量分析——以广东工业大学图书馆为例[J]. 图书馆学研究,2008(10).

④ 周莉. 我国高校图书馆编目业务外包的误区与变革[M]//Proceedings of International Conference on Engineering and Business Management(EBM2012),2012:3343-3347.

⑤ 杜欣明. 技术干预模式:编目业务外包的一种新尝试[J],图书馆建设,2011(3).

(2011)介绍了北京航空航天大学图书馆采取外包组长专人负责制来进行编目外包质量控制的实践经验[①];陈新洁(2011)提出了编目外包质量控制与绩效评价所应遵循的原则和体系的建立等[②]。邓岩彬(2013)等对采编业务外包质量控制的关键因素进行了分析,外包商的选择、采访的验收、编目的审校、加工的审核等4个方面是图书馆进行采访质量控制的关键因素,应通过有效控制来保证外包的成功实施[③]。对于采编外包中出现的质量问题,有学者开始注意外包商评价和外包关系的研究。潘艳(2006)探讨了采编业务外包关系中冲突的表现、产生的原因和后果及如何预防冲突的对策,认为重新定位与外包商的合作关系、全面明确外包合同、加强业务人员之间的沟通、慎重确定外包范围、有效控制中间环节、灵活处理外包形式是预防外包双方冲突的有效方法[④]。高源等(2011)研究了外包商评价体制,并采用层次分析法建立了外包商的评价模型[⑤]。李日新(2011)认为应以核心指标、一般指标和价格为框架对外包商进行评价,给出了外包商评价的具体指标[⑥]。

大部分学者对编目外包持肯定态度,认为通过编目外包,为图书

---

① 余恒鑫.高校图书馆编目业务外包质量控制模式——外包组长专人负责制探析[J].图书馆学研究,2011(10).

② 陈新洁.图书馆编目外包质量控制与绩效评价研究[J].图书馆论坛,2011,31(8).

③ 邓岩彬,刘薇薇,王晓丹.图书馆采编业务外包质量控制的关键因素分析——基于大连医科大学图书馆采编业务外包实践[J].图书馆学研究,2013(8).

④ 潘艳.采编业务外包关系中的冲突及预防[J].图书馆工作与研究,2006,131(11).

⑤ 高源,李亚君.图书馆采编业务外包评价机制与评价模型的建立[J].图书馆建设,2011(11).

⑥ 李日新.高校图书馆采编业务外包商评价指标[J].图书馆论坛,2011,31(3).

馆节约了人力和经费，加快了新书上架时间，同时也指出要根据实际情况选择合适的外包模式，要加强和外包商的有效沟通和协调，严格进行质量控制，才能发挥编目外包的最大经济效益。但也有学者提出了不同看法，认为网上文献采访就可以达到降低成本、提高效率的目的，采访业务是“高校图书馆最基础、最关键性的工作，不宜外包”①。

流通业务外包虽然已经实施，但关注较晚，研究文献较少，研究内容还停留在意义和可行性方面，案例研究只有北京工业大学②、深圳大学城图书馆③和广东外语外贸大学图书馆，多数学者认为流通业务外包可以节省人力、物力，但需要进行质量控制。不同的观点则认为流通工作不仅是图书馆的核心业务，也是图书馆学研究的实践来源，其知识服务的特性决定其不适宜外包④。

随着近几年各地区各级、各类图书馆新馆的不断建设，图书馆的规模越来越大，物业管理成为图书馆不得不关注的一件大事，一些文献研究和关注的图书馆物业社会化管理，实际上即是物业管理的外包研究。这类研究文献虽然数量不多，但也反映了图书馆界对物业管理的日益关注和重视。对于物业外包的有利之处，多认同一是物业管理外包后，减轻了图书馆的后勤管理压力，图书馆可以集中精力发展其核心业务；二是物业管理外包后，图书馆把劳动争议转移给了外包服务企业，从而规避了劳动纠纷。对物业外包的不利之处，学者们根据自身所在图书馆的不同，提出了一些不同的看法。如葛瑶、应长兴

---

① 田丽君．关于高校图书馆文献采访外包问题的商榷[J]．图书馆杂志，2011，30(6)．

② 魏育辉，万云芳，范蔚蔚．高校图书馆流通外包的实践与思考[J]．图书馆杂志，2009，28(9)．

③ 陈琳．高校图书馆流通书库业务外包的实践与探索——以深圳大学城图书馆为例[J]．河北科技图苑，2013，26(1)．

④ 程愚．对“流通外包”的反思——兼与魏育辉等老师商榷[J]．图书馆杂志，2010，29(8)．

(2010)认为,物业外包使图书馆的服务成本增加,而服务质量下降,以浙江图书馆为例,转向社会外包后光清洁卫生一项,费用就增加了近50%①。呼晓静(2012)根据深圳图书馆的物业管理实践,提出由于物业管理公司人员流动性大给图书馆的安全管理工作带来了一定的隐患,物业员工图书馆职业道德培训的不足对图书馆整个业务的开展和图书馆形象造成了影响,物业公司智能化设备设施的专业技术人员不足导致图书馆楼宇智能化系统的维护受到影响等②。

此外,对图书馆自动化系统、数据库建设外包的研究文献相对较少,还有更少量的文献研究人力资源外包③、学科服务外包④等。前者是由于大多数的图书馆一直以来就缺乏相关的专业技术人员,因此这两项业务的外包也就顺理成章,实践虽已非常丰富,但缺乏理论研究;而后者则正好相反,由于实践少,因此研究文献也就相对较少。

(3)对国外图书馆外包业务的研究。我国学者对国外图书馆业务外包的研究文献数量较少,其中以研究美国图书馆的文献最多,其次则是对日本图书馆的研究。研究目的多是以案例研究的方法总结国外图书馆业务外包的经验和不足,以期对我国图书馆业务外包的实践具有启发和借鉴意义。吴建中(1987)梳理了20世纪80年代以日本政府为主导的公共图书馆委托管理制度实施的过程和在此期间图书馆界的反对和争论,总结了在当时情境下图书馆委托管理的利弊⑤。张江华等(1999)分析了美国夏威夷州馆外藏书建设即著名的夏威夷

---

① 葛瑶,应长兴. 图书馆物业服务社会化的利弊浅析[J]. 图书馆杂志,2010,29(6).

② 呼晓静. 深圳图书馆物业管理社会化初探[J]. 图书馆界,2012,(2).

③ 汤晓鲁. 图书馆人力资源管理外包模式的选择[J]. 农业图书情报学刊,2010,22(7).

④ 陈国钢. 学科服务外包模式的策略和思考[J]. 图书馆学研究,2010(24).

⑤ 吴建中. 日本图书馆界关于委托管理的一场争论[J]. 图书馆杂志,1987(1).

州立图书馆采编外包失败的原因及对我国图书馆的启示，认为夏威夷州立图书馆将某些业务转移馆外的做法和以用户为中心的理论，以及勇于创新、勇于实践的精神是值得我国图书馆界思考与借鉴的，但在改革过程中不能操之过急，应当听取多方面的意见，积极稳妥地制定计划、逐步实施才能迈上成功之路①。朱复成（2000）探讨了美国图书馆编目和信息服务外包的得失，认为图书馆非核心功能的社会化是图书馆发展的必然趋势；在信息服务方面，图书馆应将工作重心从“书本位”向“人本位”转移，业务重心从内部加工向对外服务转移，服务重心从事务性和反应性向诊断性层次的信息服务转移②。杨谦（2002）研究了美国图书馆采访业务外包的模式，认为业务外包的极端化，尤其是整体外包会挫伤图书馆员的工作热情，导致图书馆服务水平和质量下降，而对采访业务外包控制不当，则会引起馆藏质量的下降③。曹秋霞、陈如好（2009）研究了美国图书馆编目业务外包成功的经验，认为国内图书馆首先应以积极的心态接受编目业务外包，其次要大力发展联机编目系统，提高外包商的服务水平，最后要加强对编目外包的质量控制和绩效评估，才能使我国图书馆的编目外包业务健康发展④。

1.5.2 国外图书馆业务外包的研究现状

国外尤其是英美等国家的图书馆业务外包实施较早，20 世纪 90 年代就已引起很多学者和专家的关注，对外包的利弊、决策、管理、质

---

① 张江华，柳晓春，涂启建．美国夏威夷州馆外藏书建设风波的启示［J］．图书馆，1999（5）．

② 朱复成．美国图书馆业务外包的得失及启示［J］．大学图书馆学报，2000（1）．

③ 杨谦．美国图书馆采访业务外包模式与方法研究［J］．情报杂志，2002（5）．

④ 曹秋霞，陈如好．美国图书馆编目业务外包的经验及启示［J］．图书馆学研究，2009（5）．

量控制等的研究文献大量涌现。同时,受新公共管理思想影响出现的公共图书馆整体外包和私有化也激发了学者们对图书馆业务外包的更为深入和广泛的讨论。

1. 对业务外包利弊的研究

业务外包作为一个新生事物在图书馆利用以来,国外图书馆界对其利弊的讨论就没有停止过。支持者普遍认为图书馆业务外包可提高工作效率和服务水平,缓解图书馆资金紧张的困境;反对者则对业务外包的管理和质量问题、业务外包尤其是整体外包对图书馆公益性造成的冲击表示担忧。

支持图书馆业务外包的观点。1996 年,美国学者 Arnold Hirshon 和 Barbara Winters 出版了 *Outsourcing Library Technical Services:A How-to-Do-It Manual for Librarians* 一书,详细论述了图书和期刊采访、编目外包的决策、需求方案、管理、评价等,认为外包是解决高成本、低效率以及人员、设备和资金不足的有效方法,作者同时强调,外包不是目的,而是一个工具。

Ronald A. Dubberly(1998)认为外包是图书馆的"朋友",图书馆在预算削减的情况下,可以通过外包来降低业务成本。Dubberly 认为,对读者来说,私营图书馆管理公司的专业馆员提供的服务与公共图书馆馆员提供的服务差别很小,甚至没有差别。私营公司没有官僚主义的束缚,比公共部门能更容易、更有效率地为公众提供同等有效和公平的服务。Dubberly 预言,这种新的公私合作的管理模式将成为保持和提高公共图书馆服务的重要的新工具,在未来的几年将受到越来越多的关注①。

新墨西哥大学图书馆(University of New Mexico)的 Claire-Lise Bénaud 和 Sever Bordeianu(1998)对美国高校图书馆的业务外包进行

① Ronald A. Dubberly. Why Outsourcing Is Our Friend[J]. *American Libraries*,1998,29(1).

了调查，认为美国高校图书馆并没有出现大规模关闭整个部门而实施外包的情况，在某些情况下，外包提供了一种不可否认的积极的替代品。图书馆必须学会如何整合这些替代品，这样做对图书馆专业来说是有益的，而不是有害的①。

Robert S. Martin（2000）通过对夏威夷公共图书馆系统（Hawaii Public Library System）和沃斯堡公共图书馆系统（Fort Worth Public Library System）的外包决策、美国航空航天局（NASA）和河滨县图书馆系统（Riverside County Library System）外包业务管理的研究得出结论：在一般情况下，没有证据表明外包本身已经对图书馆的服务与管理产生负面影响。相反，大部分业务外包已成为一种有效的管理工具，使用得当可以有效提高图书馆的服务和管理水平。出现问题往往是由于决策与功能规划不当，对外包过程疏于管理或无效管理造成的②。

Carol Ebbinghouse（2002）认为，未来的 5 到 10 年内，业务外包将是图书馆事业增长规模最大的领域③。

Magda EL-Sherbim（2002）对俄亥俄州立大学图书馆的斯拉夫语图书编目外包进行了成本分析，认为外包可提高工作效率，但不一定能节约成本。外包不可能解决所有的问题，也不会对专业编目构成威胁。如果做法适当，外包对于图书馆还是有益的④。

Nuria Lloret Romero（2011）认为许多组织，尤其是公共机构的员工

---

① Claire-Lise Bénaud，Sever Bordeianu. *Outsourcing Library Operations in Academic Libraries—An Overview of Issues and Outcomes*［M］. Englewood，Colo：Libraries Unlimited，1998：168.

② Robert S. Martin，et al. The Impact of Outsourcing and Privatization On Library Services and Management［OL］.［2014－06－16］. http：//www. ala. org/tools/sites/ala. org. tools/files/content/outsourcing/outsourcing_doc. pdf.

③ Carol Ebbinghouse. Library Outsourcing：A New Look［J/OL］. *Searcher*，2002，10（4）. http：//www. infotoday. com/searcher/apr02/ebbinghouse. htm.

④ Magda El-Sherbini. Outsourcing of Slavic Cataloguing at the Ohio State University Libraries—Evaluation and Cost Analysis［J］. *Library Management*，2003，23（6/7）.

往往一成不变,因此很多情况下员工的平均年龄大于组织年龄。老员工虽然经验丰富,但缺乏使组织发展的新思路和方法,尤其在快速发展和变化的技术领域更是如此。因此,组织内部需要有新老员工的混合,了解组织创办初期的知识和过程的老员工与拥有新知识和新思路的新员工的融合,必将直接导致组织价值观的改变。业务外包可促使组织的战略规划、市场服务、效益、人力资源管理的改进、沟通渠道和社会影响力的改变。Nuria Lloret Romero 给出了十大理由,支持其业务外包是图书馆和文献信息中心改变组织管理的有效工具的观点[①]。

反对图书馆业务外包的观点。Ross Wood(1996)和 Michael Gorman(1995)分别在 *Library Journal* 发表文章"Outsourcing: Bungling Letter to the Editor"和"The Corruption of Cataloging",认为外包,尤其是编目外包是对专业职责的违背[②],因而反对将编目业务外包。

美国学者 Schuman P. G.(1998)在 *Library Journal* 上发表文章,强烈反对图书馆业务外包和私有化。Schu man 认为外包不过是图书馆私有化的代名词,业务外包已经威胁到图书馆职业的核心价值观,而这种价值观恰恰是公共服务的"灵魂"。Schuman 抨击了通常被认为实施外包或私有化的 3 个理由,即私营部门能够且将会做得更好、成本更低,私营部门的市场责任制比政府部门的官僚体制更有效,外包在图书馆本就一直存在,管理者应该自由地使用这个有用的工具。Schuman 呼吁不能坐等私有化者和他们的支持者冲击更多的图书馆,图书馆行业应该现在就站出来,大声疾呼,重新发起社会目标和私营

---

① Nuria Lloret Romero. Outsourcing as a Change Management Tool in Libraries and Documentation Centers[J]. *The Bottom Line: Managing Library Finances*,2011,24(1).

② Robert Renaud. Learning to Compete: Competition,Outsourcing,and Academic Libraries[J]. *The Journal of Academic Librarianship*,1997,23(2).

利益之间的讨论①。

日本学者牛崎进2007年发表的《高校图书馆业务外包》一文从3个方面分析了外包可能带来的不利因素:对高校图书馆来说,会丧失实施外包的业务的知识和技能、失去对馆员工作技能的培训机会、信息共享性差、为来自多个不同供应商的合同制馆员分配任务存在困难、合同制馆员的归属感差;对于外包商来说则会出现越来越多的竞争对手,不断增长的采购订单对成本的要求将更加严格,利润更低,人员难以招聘;对合同制馆员来讲,意味着低工资,事业没有发展前途,不规范的工作模式以及未来的不确定性等。

Robert C. Ward(2007)对受新公共管理思想影响而实施外包的7个公共图书馆进行了调查。调查显示,公众利用率获得提高的4个图书馆中,3个馆的主要原因是由于预算的增加,另外一个则是由于其有效的管理;获得经济效益增加的两个图书馆,其主要原因也分别为预算的增加和有效的管理。Robert C. Ward认为新公共管理思想的支持者们宣称的将公共部门的管理转为委托代理人管理将有利于经济效益和公众使用率提高的观点是值得怀疑的②。

日本学者Nobue Matsuoka-Motley(2011)对日本高校图书馆的业务外包情况进行了调查后认为,虽然业务外包在日本图书馆得到广泛使用,并使得很多图书馆受益,外包产生的合同制馆员(Contract librarian)虽然给图书馆带来诸如专业、服务质量、灵活性和对资金的有效利用等好处,但从长期的效应来看不免让人担忧。有限的预算、烦琐的管理系统、传统的组织结构、较少的就业机会、领导力的缺乏和LIS教育的不足使图书馆专业的未来变得脆弱。在日本,每年大约有

---

① Schuman P G. The Selling of the Public Library: It's not Just Outsourcing, It's Privatization[J]. *Library Journal*, 1998, 13(8).

② Robert C. Ward. The Outsourcing of Public Library Management—An Analysis of the Application of New Public Management Theories From the Principal-agent Perspective[J]. *Administration & Society*, 2007, 38(6).

10 000人获得图书馆专业认证,但只有不到5%可以获得在图书馆工作的机会,大多数渴望成为高校图书馆员的人不得不去商业机构寻找工作机会。外包使得日本的图书馆员发现,在图书馆行业发展自己的职业生涯几乎是不可能的。Nobue Matsuoka-Motley 认为,大学图书馆由于不愿意在图书馆投入更多的资金而使用外包,但不断扩大的业务外包是一个目光短浅的方案①。

此外,还有一些比较中立的观点。如 Boss Richard W. (1998)认为一个重要的问题是,实施外包后,图书馆常常并不知道他们真实的成本,因此很难确切知道节省了多少钱②。Maureen Cubberley 和 Stan Skrzeszewski(1999)认为外包对于文化遗产机构(图书馆和博物馆)已成为一个既定的管理工具,可以节约成本和提高效率。但外包是利弊共存的,如果做得不好,有可能给图书馆业务带来严重后果③。

2. 对业务外包决策的研究

Robert Renaud(1997)认为要回答在什么情况下图书馆应该外包、什么样的活动应免于外包,应该站在战略的高度去研究,而不是将其视为短期行为。Robert 认为高校图书馆由于没有盈亏之说,掩盖了其竞争的利益和立场的现实基础。竞争理论不仅仅适用于企业,同样也适用于非营利机构。面对信息技术带来的挑战,高校图书馆应该超越现有的图书馆研究文献,了解竞争理论,通过竞争理论来研究图书馆业务外包。Robert 引用了被称为竞争战略之父的迈克尔·波特

---

① Nobue Matsuoka-Motley. Librarian as Commodity—Outsourcing in Japanese Academic Libraries[J]. *The Journal of Academic Librarianship*,2011,37(3).

② Boss Richard W. ,White Howard S. Guide to Outsourcing in Libraries[J]. *Library Technology Reports*,1999,34(5).

③ Maureen Cubberley,Stan Skrzeszewski. Discussion Paper on Outsourcing in Canadian Heritage Institutions (libraries and/or museums) [OL]. [2014 - 06 - 16]. https://openlibrary.org/books/OL21040413M/Discussion_paper_on_outsourcing_in_Canadian_heritage_institutions_(libraries_and_or_museums).

(Michael Porter)的竞争理论,研究了高校图书馆的外包决策,最后得出的结论认为:竞争理论能够使高校图书馆了解其所处的经济背景或产品结构、进入新市场和退出旧市场的障碍、通过合作充分利用资源的力量以及客户服务活动的价值链。在地方一级,图书馆需要建立一种共享学习能力,了解新兴的产品结构,定义和划分服务等级,并将资源重新配置以实现高价值。在重新分配资源时对活动进行区分,当一项活动实施外包能够降低成本,并可以与现有流程无缝对接时即可做出外包决策。利用竞争理论有助于图书馆将外包从战术的、短期的决定,提高到战略的、长期的和新兴的信息产业背景下去考量①。

1999 年,由 CPI(Capital Planning Information Limited)资助的英国国家书目研究项目发布了一份报告,对公共图书馆图书采访外包中供应商的选择进行了研究,分析了通过外部供应商(而不是馆员)采访图书可能带来的经济效益、人员的重新调配,其结果是图书供应更为快速。报告对威斯敏斯特(Westminster)和赫特福德(Hertfordshire)的两个试点项目进行了详细调查,研究了外包供应商产生的费用,并提出了一个成本模型。报告得出结论认为,供应商的选择是切实可行的,但前期需要良好的规划和成文的库存管理和决策策略,供应商对图书馆书目和本地目录的获取是至关重要的②。

David Ball(2003)设计了一个外包决策矩阵,元素包括:文化的因素,即外围服务特性(peripheral to service identity)、符合公司战略(complies with corporate strategy(ies))、公司政策(corporate policy);经济的因素,即高资金成本(high capital cost)、市场/供应商存在(market/supplier exist)、高常规成本(high recurrent cost);功能的因素:欠

---

① Robert Renaud. Learning to Compete: Competition, Outsourcing, and Academic Libraries[J]. *The Journal of Academic Librarianship*, 1997, 23(2).

② Melvyn Barnes. Book Review: Outsourcing Book selection: Supplier Selection in Public Libraries: A Report to the British National Bibliography Research Fund by CPI Limited[J]. *Journal of Librarianship and Information Science*, 2000, 32(3).

佳业绩(poor or declining performance)、易于服务细分(easy to specify service)、难以交付服务(difficult to delivers service)。David Ball 赋予了经济因素以最高权重,认为矩阵是一个评估外包服务候选供应商的有用工具,而不是专业采购流程的替代品。通过使用外包决策矩阵进行决策,可以使决策更接近市场,有助于采纳合适的采购方法。在决策阶段,不仅可以对外包的成本和服务质量进行评估,对外包的潜在风险也可以进行评估,因为承包商的情况和市场应变能力会变得更加清晰①。

2010 年,澳大利亚新南威尔士州立图书馆发布了一份对新南威尔士公共图书馆采访、编目和加工外包的效益分析研究报告。研究结果表明,图书馆业务外包的效益成本比率(benefit cost ratio,简称 BCR)为 2.0 至 2.3 之间,这一数字相较其他潜在的政府项目来说是有重要意义的。报告认为,图书馆在确定外包是否是最有效的以及确定采购、编目和加工外包的成本效益模型前必须要考虑一些因素,这些因素包括在价值链中的位置或转换、将资源重新分配到有附加价值活动中的能力、对小群体的影响(尤其要考虑对小型或乡村图书馆实施外包时馆员的潜在流失)以及图书馆未来的发展模式等②。

3. 对业务外包管理和质量控制的研究

Mary Jane Gordon 和 Les Moor(1997)从供应商的角度,以加拿大 ISM 公司图书馆技术服务部(ISM Library Technical Services,简称 ISM/LTS)编目业务外包为例,论述了外包质量控制方法、合同管理,具体运行过程中人员的招聘和培训、设备和数据传输、相关软件的选用、操作流程等,认为同参与实施外包项目的图书馆工作人员的密切合作对项

---

① David Ball. A Weighted Decision Matrix for Outsourcing Library Services[J]. *The Bottom Line: Managing Library Finances*, 2003,16 (1).

② A Benefit Cost Analysis—Outsourcing of Acquisitions, Cataloguing and Processing in NSW Public Libraries[OL]. [2014 - 06 - 18]. http://www.sl.nsw.gov.au/services/public_libraries/docs/benefit_cost_analysis.pdf.

目的成功至关重要。Mary Jane Gordon 总结说，ISM/LTS 最成功的项目就在于与客户真诚的合作、频繁的磋商和召开会议，每一项涉及变动的提议都经过双方共同考虑来确认其可行性。此外，许多人认为编目外包会对目录标准构成威胁，而实际上，由于可以实现规模经济和提高工作效率，ISM/LTS 在编目中全部按照美国国会图书馆分类法(LC)执行，从而实现了联合编目①。

SHARON W. PROPAS(1998)以斯坦福大学图书馆业务外包为例，论述了馆藏发展和图书采访、书目质量和图书加工的质量控制，认为质量控制是外包业务是否成功的关键。图书馆业务外包对专业技术馆员的需求是增加而不是减少，从最初的评价和决策、可行性测试到评估、修改供应商产品方案、改变目前的环境来适应变化等，都强烈依赖于专业馆员的经验和能力。专业馆员必须是图书馆与供应商之间的持续的联络人，这是外包成功的因素之一。专业技术馆员也必须进行持续的馆员培训和发展图书馆自己的专业人员，以便能协助外包商提供优质服务并节约成本。专业馆员对斯坦福大学馆藏发展、书目的完整性和质量是非常重要的，这是思考和计划下一步的外包项目的需求②。

Vinh-The Lam(2001)介绍了萨斯喀彻温大学图书馆(University of Saskatchewan Libraries)整个编目规范控制(AC)外包实施的经验，包括承包商的选择、数据库清理前后的工作以及目前还在进行的 AC 外包工作。萨斯喀彻温大学图书馆在做出将规范控制进行外包的决定后，编目部门和承包商都进行了充分的准备和计划。由于图书馆与供应商良好的合作关系，外包工作人员能够快速响应数据库清理过程中遇到的诸多问题。目前通过外包商的规范表述(AE)进行的 AC 外包成

① Mary Jane Gordon, Les Moor. Creating a Library Technical Services Outsourcing Operation[J]. *The Serials Librarian*, 1997, 32(1-2).

② Sharon W. Propas. Outsourcing, Quality Control, and the Acquisitions Professional [J]. *Library Acquisitions: Practice & Theory*, 1998, 22(3).

本很容易控制。总体来说,萨斯喀彻温大学图书馆的 AC 外包是令人满意的①。

Vinh-The Lam(2005)对美国和加拿大高校图书馆编目外包的质量控制情况进行了问卷调查,涉及以下几个方面的问题:编目质量如何规定?作为外包过程的一部分,质量控制如何实施?外包会影响编目质量吗?在发放的 110 份问卷中,有 67 家图书馆进行了应答,其中 53 家图书馆实施了不同程度的编目外包,43 家图书馆在外包活动中进行了质量控制。Vinh-The Lam 对实施外包图书馆的规模、馆内编目人员和技术人员的数量、实施外包的文献数量、外包费用占采访经费的比例、外包商提供的服务种类和加工时间、对外包商的满意度、外包对编目员编目水平的影响等进行了统计分析,认为,大部分实施编目外包的图书馆已经建立了质量控制程序,并将其作为外包业务的一个组成部分。而质量控制程序中很重要的部分就是在外包业务开始之前图书馆发给承包商的详细的目录或加工规格文档,并且由图书馆编目人员和高级技术人员参与质量控制过程。超过一半的图书馆只进行检索点的质量控制。由供应商提供的书目记录几乎都符合 LC/OCLC 标准或与联合编目委员会工作组推荐的核心标准兼容。在这项调查中,绝大多数参与调查的图书馆对承包商提供的服务表示满意,大部分图书馆的编目质量没有受外包的影响②。

長谷川昭子(2008)对日本 9 所实施全职外包(full-time outsourcing,即由承包方派合同制馆员常驻图书馆的外包方式)的专业图书馆的管理结构进行了调查,根据调查结果得出结论:首先,为了保持和提高图书馆的服务水平,委托方应保持其在外包业务的领导地位;应该

① Vinh-The Lam. Outsourcing Authority Control—Experience of the University of Saskatchewan Libraries[J]. *Cataloging & Classification Quarterly*,2001,32(4).

② Vinh-The Lam. Quality Control Issues in Outsourcing Cataloging in United States and Canadian Academic Libraries. [J]. *Cataloging & Classification Quarterly*, 2005,40(1).

对合同制馆员的工作内容进行合理的限制,材料采购和选择不应该由合同制馆员来做。此外,承包商应尽一切努力了解图书馆的运作,为合同制馆员提供职业发展机会。其次,为了改善合同制馆员的待遇,委托方应给出一个公平的合同价格,慎重考虑合同制馆员的专业水平,同时承包方也应尽可能地提高合同制馆员的待遇[①]。

① 長谷川昭子. 常駐委託による専門図書館の運営の要件[J]. *Library and Information Science*,2008(59).

2　图书馆业务外包的优势与风险

任何事物都是一分为二的，有得有失，有利有弊，图书馆业务外包也不例外。无论我们对于外包的态度如何，业务外包在图书馆的应用已有几十年的历史，其优势和风险共存已是不争的事实。一味地反对或赞成业务外包都是不可取的，我们需要从宏观与微观、战略与战术的角度厘清图书馆业务外包的优势和可能存在的风险，这对于业务外包的决策、管理乃至整个图书馆事业的发展都有着重要的意义。

2.1　图书馆业务外包的优势

2.1.1　降低业务成本，提高图书馆效益

实施业务外包，可获得通过比较优势效应和规模经济效应带来的成本降低利益。比较优势是指某种经济活动能够密集利用某一经济体内部比较丰裕要素带来的成本较低优势。外包服务商相较图书馆来说，某些业务活动所需要的人力资源相对价格较低，图书馆把这些不具价格优势的业务拆分给外包服务商进行，能够通过节省成本获得比较优势利益；规模经济效应是指企业单位时期内产出数量与平均成本的反向关系，即产出数量越大平均成本越低。通过外包把图书馆业务中的某个流程或某项业务拆分为特定工序和流程，由专业的外包商来做，由于规模较大的外包商拥有种类齐全的设备、专业的技术团队，可以用他们的知识技能和设备优势等为众多的图书馆提供服务，从而产生规模经济效益。这比起单个图书馆内部购买设备，培养专业人才，组建相应团队，效率会更高，成本更低。运作规模越大的服务商，

提供的服务质量越稳定，因而其客户数量也就越多，外包商获得的收益也就越多，这是一个良性循环的链条。因此，在资金投入相同的情况下，通过外包可以获得更专业的业务实施，或在获得同等水平业务实施的情况下，外包可节约资金的投入。一项更为专业的业务实施或同等水平下更为节约资金的业务实施无疑会使图书馆获得更大的收益。此外，由于实施外包而节约的资金用来投入到核心业务，也可提高图书馆的整体效益水平。

通过实施外包而达到降低成本目的的例子很多，如徐月华(2008)对广州市高校图书馆采编业务外包现状调查后发现，“虽然各馆加工外包情况有差异，但无论其接受的外包条件如何，都能在很大程度上节约图书馆的人力”“加工成本的节约更是显见”①。魏育辉等(2009)报道北京工业大学图书馆通过实施流通业务外包，“用人成本与管理成本大幅降低，节省了聘用人员的工资与福利支出，并使人员管理变得轻松”②。侯旭红、邱庆蓉(2014)报道北京师范大学图书馆从2006年9月正式开始中文图书的编目业务外包，经过几年的实践，取得了一定成果，在购书数量成倍增加、编目人员数量不断减少的情况下，每年都能基本上完成所购新书及赠书的编目任务，既提高了效率，又降低了成本③。袁婷(2014)对江苏省60所高校图书馆业务外包现状进行调查后发现，在已经实施外包的图书馆中，其选择外包的主要目的就是要节约成本，克服人力资源的不足④。可见，外包确实为图书馆节

---

① 徐月华. 广州市高校图书馆采编业务外包现状研究[J]. 图书情报知识，2008(7).

② 魏育辉，万云芳，范蔚蔚. 高校图书馆流通外包的实践与思考[J]. 图书馆杂志，2009，28(9).

③ 侯旭红，邱庆蓉. 编目业务外包的实践与思考——以北京师范大学图书馆为例[J]. 情报探索，2014(4).

④ 袁婷. 江苏省高校图书馆业务外包现状调查研究[J]. 河南图书馆学刊，2014，34(4).

约了一定的经费支出。国外的例子也不鲜见，Rider 和 Hamilton (1996) 报道了密歇根州立大学图书馆(Michigan State University Libraries, MSU)于 1993 年 10 月至 12 月间、俄亥俄州立大学图书馆(Ohio State University Libraries, OSU) 于 1994 年 1 月到 3 月间参与 OCLC 的 PromptCat 编目外包服务成本效益分析测试，结果表明，采用 PromptCat 后每条记录需 $3. 99，而图书馆自己加工则需要 $6. 22[①]。Bonnie Horenstein (2000)分析了阿德菲大学图书馆(Adelphi University Libraries)的编目数据套录和图书加工外包业务的成本、实施、工作流程以及通过外包获得的收益和损失，在 Bonnie Horenstein列举的众多收益中，就包括"使编目工作更具成本效益"[②]。2010 年澳大利亚新南威尔士州立图书馆发布了一份对新南威尔士公共图书馆采访、编目和加工外包的效益分析报告，共调查了 7 个公共图书馆的外包情况，其中坎特伯雷图书馆(Canterbury Library) 于 2002 年将采访、编目和图书加工外包后，费用降低了 36%；河滨区图书馆于 2008 年实施外包，节省了大量成本，并将节省的成本直接投入到更重要的馆藏和其他业务中；悉尼图书馆由于预算的限制而不得不进行成本效率评估，在进行了 12 个月的过渡期后，于 2005 年正式将大部分业务外包，一年后外包的效果就已经显现，主要表现为人力成本的下降。

2.1.2 获得更专业和高效的服务

外包服务商专业从事某项业务，具有丰富的实践经验以及专业的管理和技术人员，往往与其专业领域现有的和未来的技术能够保持同步。同时，外包服务商之间的竞争也促使其提供的产品和服务质量不

---

① Rider, Hamilton. PromptCat Issues for Acquisitions: Quality Review, Cost Analysis and Workflow Implications [J] . *Library Acquisitions: Practice & Theory*, 1996, 20(1).

② Bonnie Horenstein. Outsourcing Copy Cataloging at Adelphi University Libraries [J]. *Cataloging & Classification Quarterly*, 2000, 28(4).

断提高。为赢得竞争和占领市场,外包商必然会不断从用户的需求出发,持续提高其服务能力和技术创新能力。而外包商的专业人员通常会因为业务密集度较高,在实践中可获得较强的学习效应,其专业服务水平和生产率因而也较高。对于图书馆来讲,其非核心业务由于所受关注度较低,人员和经费投入较少,对于新技术的反映和接受能力有限,很难立即将新技术纳入实际应用,因而随着时间的推移,其专业性在技术上会出现一定程度的滞后。此外,从组织管理方面看,外包商对于承包的业务多数以项目管理的形式完成,为获取更大的经济效益,必然想方设法提高生产效率,对于员工绩效的考核要相对更为严格,因此也就有相对较高的工作效率。图书馆借助外包商的优势,在获得更专业和高效服务的同时,亦可获得接触新技术和新的管理方式的机会,有助于提高对实施外包业务的宏观决策、指导和管理能力,进而对图书馆整体的服务质量和效率产生一定的积极作用。

Barbara F. Weaver(1994)报道,1990 年新泽西州将整个图书馆系统的文献配送外包给了当地的一家快递公司,由这家公司负责 6 个区域图书馆的图书配送业务,由于快递公司之前就有为整个新泽西州的银行、政府和其他商业机构快递文件资料的经验以及其遍布公共图书馆周围的服务站点,使图书配送成本大大降低,配送服务可靠而高效。之后其他州的图书馆纷纷效仿①。事实上,有很多类似的、图书馆不擅长或非核心的业务外包后获得了专业和高效的服务。如图书馆自动化集成系统的外包,从 20 世纪 70 年代末到 80 年代初出现专门为图书馆研制计算机管理系统的公司以来,图书馆自动化集成系统的发展就一直与这些外包商运用最新技术满足图书馆不同时期的需求分不开,正是有了这些专业的计算机公司,图书馆自动化系统才得以快速发展与进步。再如物业管理的外包,刘建国、史娟(2007)介绍了湖北

① Barbara F. Weaver. Outsourcing — A Dirty Word or a Lifeline? [J]. *Managing Library Finances*,1994,7(1).

大学新图书馆物业管理的外包情况，该馆采用公平竞争的原则，向社会公开招标，引入了优秀的企业承包新图书馆的物业管理，外包公司成立了湖北大学图书馆物业管理项目部，对图书馆物业进行全面管理，采取了有效的管理机制，进行了合理的工作安排，为该馆提供了专业的物业管理服务。冯东(2006)总结中山大学东校区图书馆编目业务外包的经验后认为，外包商的图书加工经验值得图书馆界借鉴，注重信誉的外包商的加工流程对图书馆采编部门提高效率具有实践性指导意义①。

2.1.3 更好地专注核心业务，提高核心竞争力

核心业务在企业经营管理中是指具有竞争优势并能够带来主要利润收入的业务，这里的核心业务，我们赋予其两个方面的含义：一是指实施外包的业务中部分重要的工作环节，如质量监督、技术指导等，通过外包把大部分的工作内容由承包商来做，图书馆只需少量的工作人员进行质量监督、技术指导和流程管理，管理人员可以摆脱繁重的日常工作，开阔视野，集中精力把握该项业务的整体质量和发展方向；二是指图书馆整体意义上的核心业务，即那些对图书馆生存和发展起决定作用的、具有竞争优势的业务。将非核心业务外包，图书馆必然可以腾出更多的精力、人力、物力和财力来发展核心业务，提高图书馆自身优势乃至整个图书馆行业的优势。无论是营利性质的企业还是公益性的图书馆，整个业务环节，不可能都是组织的强项，不可能都具有竞争力，通过业务外包将自己不擅长的弱项外包出去，有助于组织"甩掉包袱"，轻装上阵，将内部资源应用于最具优势和发展前途的核心业务，精益求精，从而提升整体的核心竞争力。而对于那些实施外包的业务，则可充分利用外部优质的资源，结合图书馆整体的发展方

① 冯东．图书馆业务外包的实践与思考——中山大学东校区图书馆业务外包体验[J]．图书馆情报工作，2006，50(1)．

向对其加以指导和管理,必然能超越图书馆自身能力而达到最佳。

以采编外包为例,把图书采访、编目、加工、上架等事物性劳动通过外包由承包商来做,图书馆采编人员的工作重心转为对图书验收、外包商编目数据的审校、图书加工质量的验收以及其他更重要的工作,一方面提高了采编部门的管理职能,另一方面也为其他重要业务补充了人力。余红、饶思军(2006)报道华中农业大学图书馆编目业务外包的实践,该馆在第一期外包任务完成后进行了绩效评估,认为外包优势之一就是"本馆编目员投注于更多心力于核心竞争业务,向CALIS提交的原始编目数据无论是数量或是质量均有大幅提高"①。张明东(2010)报道了加利福尼亚州立大学伯克利分校东亚图书馆实施跨国即可上架业务的外包流程。跨国外包不仅降低了该馆的业务成本,还使专业的编目员"摆脱了检索、下载、提交、添加馆藏的重复性工作,转而集中精力对FRBR书目模型等新理论进行研究,对特藏、视听资料、电子出版物和网络信息资源等文献进行编目,这些创新型的工作有利于编目业务的新拓展,有利于图书馆核心能力的发展和转型"②。2008年,深圳图书馆将自助图书馆的设备维护和物流实施了外包,其中图书馆方面主要负责监督和管理自助图书馆运行的状况、资源以及安全状况,起统领和总控的作用;外包商主要负责自助图书馆服务机的现场作业和维护,以及物流管理。通过外包,"减轻了图书馆的工作",并且"充分利用了社会资源来推进其品牌形象的塑造"③。在图书馆业务当中,物业管理可以说是图书馆最不擅长、烦琐、耗费人力但又非常重要的日常的基础管理工作之一,将物业管理外包对图书

---

① 余红,饶思军. 外包制胜——华中农业大学图书馆编目业务外包的实践与思考[J]. 图书馆杂志,2006,25(3).

② 张明东. 跨国即可上架服务分析——从美国图书馆编目业务外包经验得到的启示[J]. 图书情报工作,2011,55(5).

③ 巫倩,张滢,陈俊翘. 自助图书馆(图书馆ATM)业务外包实证研究[J]. 图书馆论坛,2013,33(6).

馆来说是明显的“甩掉包袱”、轻装上阵。如黎震(2001)报道,深圳南山区图书馆将所有物业及设备实施统一由物业公司一体化管理,图书馆设1名物业管理人员,负责物业的宏观管理及与管理处的联络工作,取得良好效果。王伟利(2012)总结黑龙江八一农垦大学图书馆实施5年的物业外包经验,认为通过物业外包,“图书馆工作人员可以全身心地开展读者服务和各项业务工作,确保了图书馆各项工作的顺利完成”①。

2.1.4 获得组织重构和资源重新分配的机会

组织重构是对组织运营体系的系统性整改,包括业务流程、部门设置、岗位设置、人员调整、管理制度(如绩效考核、财务制度、行政制度等),目的是通过改善现有的业务流程、组织结构和制度,提高组织各环节的运作能力,最终达到降低成本,提高效益,满足用户需求的目的。组织重构是一个破坏和创造的过程,即打破原有的组织结构和业务结构,建立更为高效的新的组织结构和业务流程,提高整个组织对外部环境变化的反应速度和整体运行效率。图书馆实行外包的目的不一定是为了业务重构和组织结构的调整,但至少外包为图书馆带来了这样的契机,一些业务的全部或部分外包,必然导致从事这些业务的原有人员的调整,这样的调整有可能是小范围的部门内调整,也可能影响到整个图书馆组织和业务结构的调整。外包给图书馆一成不变的管理体制和组织结构带来了“不得不变”的动力,打破了其长期性和稳定性的特点,如果图书馆能够充分地利用这个时机,对组织内部进行“破坏”和再造,势必为图书馆的发展带来新的气象。

此外,从资源的角度考虑,图书馆的内部资源包括人力、财力、物力、空间资源等,每个图书馆的资源都是有限的,合理地分配和利用才

---

① 王伟利.“一站式”开放管理下高校图书馆物业管理外包的实践探索和发展思考——以黑龙江八一农垦大学图书馆为例[J].农业图书情报学刊,2012,24(2).

能使这些资源发挥最大的效用。图书馆通过业务外包利用了外部优秀的资源,也获得了重新分配和优化内部资源的机会。图书馆利用这个时机,首先可以对组织内部进行人力资源的调整,提高工作绩效;其次可以重新分配各项业务的经费支出和物力投入,加大对核心业务的投入力度,同时平衡内部与外部资源,使其发挥最大效能。

2.1.5 可有效减少或转移风险

通过实施外包,一些业务的管理风险、质量风险、资金占用风险等可全部或部分转移给承包商。

管理风险主要有业务管理风险和人员管理风险。由于图书馆在一些非核心业务领域并不具备专业知识,缺乏专业人才,对业务的规划和安排缺乏经验,很容易出现管理问题。通过实行外包,可将这一部分业务的管理完全委托承包商来完成。如物业管理,整个业务流程由承包商负责,图书馆只负责质量监督,业务管理的风险由承包商承担;再如自动化系统的外包,图书馆只需提出需求,系统的设计、开发和生产完全由承包商负责,规避了图书馆自行组建研发部门进行研发的管理风险。此外,为克服人员短缺的困难,一些图书馆通常对外招聘临时馆员,这样做不可避免地要涉及招聘成本、对聘用人员的培训和管理成本的增加,同时还会涉及劳动合同签订、用工登记、社会保险缴纳、解除或终止劳动合同的赔偿等风险,由于临时馆员和正式馆员在工资、福利待遇等方面的差异导致的归属感降低对工作效率的影响风险等。通过实施外包,外包业务的人员管理完全由外包商负责,上述人员管理的风险就可有效规避。

减少质量风险。一项业务实施外包后,图书馆虽然也会参与质量问题的监督和管理,但实施期间的质量控制和质量问题则主要由承包商承担。信誉良好的承包商也往往会在质量上下工夫,以期获得后续的合作机会。

降低资金占用风险。通过外包,在交货验收之前,合作的承包商将分担一部分资金的占用,从而降低了资金的占用风险。此外,一些外包商拥有专业的设备,无需图书馆投资购买,也降低了资金占用风险。

2.1.6 精简组织规模,克服官僚主义

规模较大的组织,组织结构层次较多,管理复杂,其内部的沟通和信息传递环节也较多,沟通效率较低,快速反应用户需求的动力会明显不足;组织规模越大,内部的摩擦也就越大,组织的执行力也会减弱,对用户需求的反应能力也会下降。此外,大规模的组织还容易产生官僚主义,造成组织效率的降低。而规模较小的组织,组织结构层次较少,更趋于扁平化,管理事务相对简单,组织内部信息传递的环节也相对较少,沟通效率和信息传递速度也就相对较快,更具灵活性,能够迅速地对环境做出反应。图书馆将部分业务实施外包,可以在一定程度上减小组织规模,从而减少了组织内部的信息传递环节,克服官僚主义,使组织更具灵活性,从而反应更快,更具创新能力,更能适应快速发展变化的环境。外包战略在此方面具有非常重要的意义。

2.1.7 对图书馆管理思想和管理模式的积极影响

外包会导致买方和卖方技术和组织信息的流动,因而会对图书馆管理思想和管理模式的变革带来积极的影响。前面已经提到,图书馆在获得外包商专业服务的同时,也有机会接触到新的技术,而外包商在提供基于新技术的专业服务时,也从图书馆获取了用户的最新需求动向,有利于其更进一步地改进现有的技术和方案,这种双方技术的流动无疑对于实施了外包的业务的改善和提高是大有裨益的。掌握了新技术动向的图书馆,对于业务的管理和决策就会上一个新的台阶;而了解了图书馆最新需求的外包商,也会开发出更适合用户需求的产品和服务。另一方面,双方组织信息的流动对图书馆的管理思想和模式也会产生一定的影响,这种影响可能是很快就能体现出来的,

也可能是潜移默化。业务外包本身就是企业经营管理方式在图书馆的应用,同样的业务,企业和图书馆的工作流程、管理方式等都存在着很大的差异。企业出于营利目的而进行的生产活动和在这种生产活动中体现出的企业文化与价值,在实施外包的过程中,无疑会对图书馆产生影响,影响的结果不是图书馆要营利,而是学习如何运用企业的管理方式创造更多的社会价值,获得更多的社会认同,增强应对环境变化带来的危机的能力。事实上,图书馆也一直在学习和运用企业的管理方式,如绩效管理、战略管理、危机管理等,外包带来的与企业间的技术和组织信息的流动,客观上对这种学习起到了一定的促进作用。

2.2 图书馆业务外包的风险

2.2.1 外包决策不当带来的风险

外包决策包括是否需要外包?哪些业务需要外包?外包要达到什么目的?是实施战略性外包还是战术性外包?这些问题的解决,是需要图书馆的高层管理人员在图书馆整体战略目标的框架下,通过对图书馆内部和外部环境进行详细的调查和评估,统筹考虑图书馆诸多方面的因素,进行可行性分析论证,正确识别当前和未来图书馆核心竞争力等因素后进行的决策。在实际操作中,限于管理者的经验和能力、前期的调查与评估的细致程度以及图书馆整体战略规划、战略发展方向的确定等的影响,有可能会出现外包决策不当的情况,这些情况可能包括:在不需要外包的情况下,盲目跟风而实施外包;不考虑本单位实际情况,一味追求短期内业务成本的降低或服务质量的提高,局部采用战术性外包,结果往往适得其反;对图书馆的核心竞争力不明确导致的不适当的外包范围的确定,致使图书馆核心能力降低甚至丧失;对图书馆内部环境评估不足、未进行可行性分析而导致外包后出现管理失控、质量失控；没有统筹考虑图书馆战略规划和方向，实施外包后造成与总体战略方向冲突、影响整体的运作效率和既定的战略目标的实现以及出于各种原因未进行细致的调查和评估而仓促决策带来的风险等。可以说，外包决策的失误从一开始就为外包的实施埋下了失败的隐患，一旦出现问题，是很难通过后期的补救措施进行弥补的，会给图书馆整个业务工作带来负面影响。而要消除这些负面影响和造成的后果，不是短期内能够实现的，需要耗费大量的时间、人力、物力，给图书馆的发展带来巨大的阻力。

因此，经过周密的调查、评估和可行性分析，慎重进行外包决策，可以从一开始就把外包风险降到最低。决策失误最典型的例子就是美国夏威夷州立公共图书馆系统（HSPLS）的图书采编外包案例。1995 年，为缓减预算削减带来的压力，将图书馆员的精力主要放到公共服务上来，HSPLS 将所属 49 所图书馆的购书、分类、加工等业务全部外包给贝克·泰勒公司[①]。然而一年后，HSPLS 的藏书质量就出现严重下滑，最终外包合同以失败告终。HSPLS 采编外包之所以失败，主要原因是其合同签订过于仓促，未进行周密的调查和可行性分析，没有对图书馆的内部环境进行评估，如没有和馆员进行充分的沟通，使馆员的自信心丧失而产生抵触情绪也是外包失败的原因之一。为了弥补基本参考书缺藏和高达 10% 的重复率，图书馆花费了大量的时间和资金[②]。毋庸置疑，图书馆每一项重大决策宏观上都是出于发展之目的，然而决策不当带来的风险和负面影响不是一朝一夕就能消除的，外包决策也不例外。

---

① Robert S. Martin, et al. The Impact of Outsourcing and Privatization On Library Services and Management[OL].[2014 - 05 - 19]. http://www.ala.org/tools/sites/ala.org.tools/files/content/outsourcing/outsourcing_doc.pdf.

② 张江华，柳晓春，涂启建．美国夏威夷州馆外藏书建设风波的启示[J]．图书馆，1999(5).

2.2.2 外包商的选择不当带来的风险

外包商选择不当主要有以下几种情况:对外包服务市场的不了解,对外包商的考察欠缺,缺乏相应的外包商评估标准;片面追求低成本,只选择价格最低的供应商;选择单一供应商的外包模式。这三种情况都有可能会导致外包商选择失误,一旦选择了不合适的外包商,在外包执行过程中就会有各种不利情况发生,使外包质量和效率受到影响,双方的合作关系也会变得不稳固。而更换外包商会产生新的评估、签订合同和双方磨合的费用,外包的成本也就相应增加。

如果图书馆没有制定全面、系统的外包商评价标准,或标准有欠缺,如对供应商的产品质量、价格、服务、财务状况、技术实力、资信甚至包括地理位置、美誉度等评价标准中的一项或几项没有进行细致的调查和评估,不论供应商在哪一项评估标准上存在问题,都有可能影响双方建立长期、可靠、使双方都能获利的业务外包关系,已发生的合作也必然不够顺畅,外包质量不能保证,外包管理成本也会相应提高。

由于外包服务市场的快速发展,对外包商的评估和选择也变得越来越复杂,有些图书馆片面追求低成本,只选择价格最低的外包商,而对外包商的其他情况或资质重视不够。这些外包商有可能资质较差或不具备行业领先能力,为保证能获得收益,太低的交易价格还会导致外包商为节约成本,减少在产品或服务上的投入,降低服务或产品标准,从而影响外包质量。因此,低价选择外包商带来的风险有可能是:外包服务质量下降了,外包后业务成本却并没有发生下降。

由于单一供应商合同价格可以有折扣,因此一些图书馆出于降低成本的考虑倾向于选择单一供应商完成外包业务;选择单一供应商的另外一个原因是有些图书馆认为单一供应商比多个供应商更易于管理。但是选择单一供应商时,在合同执行期间可能存在如下风险:执行合同一段时间以后,由于对单一供应商的依赖已经形成,供应商有可能利用自己的独特地位而采取各种手段提高自己的利润,如抬高服务价格，或者供应商为了开发新的客户，把服务重点放在业务量更大、利润更高的其他客户身上，对当前业务的重视程度不够，人力和财力方面投入不够，甚至提供较差的服务。如果是多个供应商共同来完成一项外包业务，则不会产生这样的问题。

无论上述哪种情况导致的外包商选择不当，都会增加外包管理的难度，外包过程中必然需要不断地与外包商沟通协商，甚至涉及合同的修改，这无疑会增加管理的工作量，导致外包管理的成本上升，外包业务的质量和效率也就不能完全保证。

2.2.3 外包实施中管理失控的风险

管理失控就意味着质量失控，之所以外包会存在这样的风险，主要有下面几个方面的原因：一是图书馆在外包实施前对外包过程中有可能牵涉的诸多问题估计不足，没有制定相应的应对策略和人员的具体分工，等到问题显现时措手不及，从而出现管理失控。这些问题诸如法律问题、对外包实施过程的监督评价、外包后图书馆的人事、资源的移交和转换中出现的问题等。这些问题处理不当，不仅影响外包质量，还会给外包的顺利实施带来巨大阻力。二是对于实施了外包的业务，如果图书馆缺乏此项业务的专业技术人员，不具备管理该技术的能力，则对该项外包业务的管理难度就会加大。图书馆应至少有一名专业技术人员通晓外包业务的核心技术和发展方向，才能确保对外包业务的有效管理和控制，否则就会存在管理失控的风险。三是对外包关系管埋不当造成的管理失控风险。首先由于外包商的人员和财产管理并不隶属于图书馆，因而图书馆不能对外包商直接进行控制管理。再者图书馆与外包商的合作关系的紧密程度不同需要有不同的关系管理方式，否则也会带来管理失控的风险。如果图书馆在实施外包前没有做好充分的外包关系管理的准备，这种风险出现的可能性是非常大的。实践中，图书馆往往对短期的外包合同或者由于某种原因需转换外包商的外包业务较为重视，而忽视了那种反复签订外包合同,已经建立了长期合作关系的伙伴型外包关系的管理①。由于合作期限较长,双方已经建立了一定的信任关系,因而更容易忽视下一步合作时可能出现的问题,从而带来外包管理上的风险。签订的合同期限越长,在合同期内发生的不可预期的变化就越多,合同条款的完备性就越不能保证,需要外包商做出相应的调整和配合的概率就越高,客观上外包商也更容易发生投机行为。因此,合作双方在签订合同之前就要有充分的准备,图书馆如果不能驾驭和有效管理这种外包关系,其风险是显而易见的。四是图书馆与外包商由于文化差异而引起的误会和不信任给外包业务的管理带来一定难度。组织文化差异是指不同组织间文化的不同特点,意味着不同组织成员间的经营价值观和管理行为模式的不同。由于组织文化一旦形成,就具有很强的稳定性,会渗透到组织的各个领域和员工的内心深处,当人们在接收到大量的异文化信息后就容易产生焦虑、紧张、对立、排斥等负面情绪,给外包的管理与协作带来一定阻力,同时也直接影响双方信息和技术等的交流。图书馆和外包商一个是公益机构,一个是营利机构,组织文化的差异更为明显,相互之间的融合也需要更多的时间和管理者更多的关注。对于图书馆的业务外包来讲,图书馆将这些业务交由外包商承担后,外包商在一定程度上进入图书馆,成为图书馆的一部分,双方员工由于组织文化的差异,就有可能产生组织文化的冲突。

最后一点,绝大多数图书馆没有花时间来讨论如何给外包商提供更多赚钱的机会,甚至丝毫就没有考虑过这个问题,图书馆重点关注的是在相同或者更低的成本基础上,外包商如何提供更大的价值和更好的服务,这也为管理风险的存在提供了条件。对外包商来说,获利较少或根本就没有经济效益的业务,会使其缺乏提供优质服务的动力和激情,也势必动摇未来与图书馆的持续合作关系。因此,关注自己

---

① Klepper R, Jones W O. Outsourcing Information Technology [J]. *Sysetems and Servers*,1999(10).

的同时也关注合作方，努力造就双赢的合作关系，对于服务质量、服务效率、外包管理是大有裨益的。

2.2.4 信息不对称情况下外包商的机会主义和败德风险

信息不对称理论是指在市场经济活动中，交易的各方对有关信息的了解是有差异的。掌握信息比较充分的一方，往往处于比较有利的地位，而信息贫乏的一方，则处于比较不利的地位[①]。在图书馆外包业务中，图书馆与外包商不可能也无法获得等价的信息，一些外包商为谋取最大的利益，在图书馆未完全掌握市场信息的前提下，会有意识地隐藏某些行动和知识。如在签约前，外包商为获取接包权，提供虚假信息或夸大其业务能力，隐藏那些对自己不利的信息，导致图书馆在筛选外包商时出现失误；签约后，在信息不对称的情况下，外包商为了获得更大的利益，会隐藏某些外包行动，如有可能会在外包实施中降低质量标准、偷工减料，拥有更先进的技术而在图书馆不了解的情况下未将其应用到外包项目中以达到降低成本的目的；尤其是在合同双方就某些权利与义务没有明晰界定的情况下，客观上更容易给外包商的机会主义和败德行为提供条件，更容易在服务质量、服务效率、费用控制方面存在风险。

从外包商的角度来看，由于信息不对称，外包商如果对图书馆真正的需求没有进行全面深入的了解或由于某些原因未能进行更加深入的了解而盲目接包，在外包实施中也会存在由于外包商的技术、资金、管理能力等不能满足外包项目需求而导致外包失败的风险。

按照新制度经济学的有限理性原理，由于环境的复杂性，人们对环境的计算和认识能力是有限的，因而在交易时不可能预见到未来的各种情况，获得的信息具有不完全性，因此，信息不对称的情况是难以

---

① 张南雪．基于信息不对称理论对服务外包的影响因素分析[J]．中国商贸，2010(19)．

避免的，无论是图书馆还是外包商，都不可能完全掌握对方的全部信息，但却可以通过尽可能地搜集较为全面的信息将风险降至最低。

2.2.5 外包对员工利益的冲击带来的风险

图书馆的某一项业务实施外包后，不可避免地要进行内部人员的调整，减少或者取消原有岗位的设置，只保留少部分从事质量监督、验收或外包管理的人员，其余人员就要根据业务需要调整到其他岗位。岗位调整涉及员工的收入、职务、工作内容等的变化，如果这种变化是正向的，如职务提高或收入增加，那么馆员需要克服的困难是工作内容的变化和新的工作内容要求具备的工作能力的考验，以及原有的工作技能也许不再有用，这些因素带来的负面情绪和职务的提高与收入的改善大抵是可以相互抵消的，由此带来的工作效率降低的风险短期内是可以克服的；但如果员工的岗位调整涉及的变化是负向的或仅仅只是换了工作内容，薪资和职务降低或没有任何变化时，员工可能会产生严重的失落感和挫败感，尤其是工作时间较长的老员工，他们对原有的业务有着丰富的工作经验，外包后这些经验无用武之地，其挫败感会更为强烈，组织归属感降低，工作缺乏热情甚至有抵触情绪，工作质量和工作效率的下降就是不可避免的了。如果图书馆在外包前没有和馆员进行充分的沟通，这种风险甚至还会有加大的可能。

上述风险只要图书馆在外包前和馆员进行充分沟通，外包后能够合理地进行人事安排，是可以进行有效的风险控制的。但外包商外派的外包人员的归属感降低带来的风险，对图书馆来讲就是不可控制的。外包人员的组织归属感一直是外包服务企业人力资源管理中重要的一环，如果由于外包商在这一方面的管理缺失或不足，如外包商的企业文化建设、外包人员的薪酬待遇、职业发展、能力提升、是否有轮换制度等缺失或考虑不周，极易造成外包人员归属感降低，工作热情下降，外包人员流动性加大等不利情况，势必对外包质量和服务效率造成影响。由于图书馆并不具有对这些外包人员的实质管理权，只能通过外包协议对某些情况如外包人员的流动性设置限制性条款，因此对于外包商内部人员管理不善造成的这种风险还是不能完全规避。

2.2.6 外包带来的隐性成本的风险

隐性成本是相对于显性成本而言的。显性成本是指计入会计账目的、看得见的各种支出，如在外包业务中，支付给外包商的劳动费或委托费、购买的设备费、资料费等都是显性成本。隐性成本是指游离于财务审计监督之外的成本，是由于组织及其员工的行为有意或无意造成的具有一定隐蔽性的将来成本和转移成本。在图书馆的业务外包成本中就存在着诸多的隐性成本，如外包决策前的调查评估成本、组织内部人员调整和资源分配成本、外包管理成本、决策失误成本等。对图书馆自身和外包商的调查评估以及外包的管理都是由图书馆内部人员完成，动用的是内部资源，因此这一部分隐性成本往往被忽略；人员调整后有可能造成的工作效率下降、新岗位的技能培训、员工的不满情绪、组织的重新适应等带来的隐性成本有时甚至会超过外包带来的收益。例如，有的图书馆为使积压的图书尽快上架，外包后只求速度忽视质量管理，图书按期上架后，短期内似乎达到了外包目的，但使用后发现的质量问题不仅影响正常读者服务，还需要再次投入时间和人力去纠正，这就是由于决策失误和管理不当造成的隐蔽性的将来成本。看似无关紧要的隐性成本，具有潜在性、放大性和爆发性，其危害是巨大的。有人这样来比喻隐性成本的放大性："今天省 10 元钱没有更换的旧电线，说不准明天就会着火，造成 10 000 元的损失。"再如，图书加工业外包中为节约成本使用了质量不过关的磁条，若干年后磁条批量生锈或发生充、消磁困难，不仅影响读者服务，还减少了图书的保存寿命，进而带来重新更换磁条需投入的资金、人力和物力成本等。

降低成本是业务外包的直接目的之一，如果在决策之初对隐性成本估计不足，这一目的的达到就要大打折扣了。而计划进行业务外包的图书馆往往对外包总体的成本，包括显性成本和隐性成本并没有进行明确的估算,大多数图书馆只重视显性成本而忽略隐性成本,这无疑加大了隐性成本带来的风险。

2.2.7 长期外包导致的学习机会丧失的风险

图书馆将一项业务长期实施外包后,相应的部门就会取消或只留少量的管理人员,其他人员不再从事该项业务的具体工作而转向其他业务,从而失去了对该项业务进一步学习的机会和动力,很有可能会逐渐对该业务陌生或跟不上其技术的发展,最终的结果则是图书馆越来越依赖于外包商。这似乎会形成一个循环,外包导致学习机会丧失,相关技术能力下降,最终使图书馆丧失对该项业务的主动权而过于依赖外包商。如果出现这种情况,图书馆在该项业务上的创新能力也将消失。虽然外包商可能会在外包业务上应用最新的技术,图书馆也会借此了解到这些新的技术和发展方向,但如果只是在管理的层面而缺乏实际的操作,创新能力的激发就没有相应的基础和动力。因此,除非图书馆真正参与到外包业务核心部分的工作,否则这种风险出现的概率是非常大的。此外,如果实施外包的业务是和图书馆的核心业务密切相关的业务,长期依赖外包商造成的学习能力和创新能力的缺失还会危及图书馆的核心业务。

2.2.8 外包商及外包服务市场的变化和波动对图书馆的影响

实施外包后,外包商及外包服务市场的某些变化和波动有时是图书馆无法预见的,一旦出现,势必对外包质量造成影响。如合作的外包商的重组、兼并、破产,与外包项目有关的人事调动或人员流动,外包商运营不佳导致的对项目的资金、人力等的支持困难,外包商选派了不合适的人员管理外包项目等。市场的波动如原材料的涨价、人力成本的增加、某些经济因素导致的外包市场的不景气等。这些情况的出现带来的风险,直接影响外包服务的质量和效率,严重的甚至会使整个项目搁浅。因此,密切关注市场变化,做好外包前的调研,依然是规避这一类风险的有效途径。

2.2.9 外包导致的新的垄断的形成

某一类业务长期外包，必然造成大量的外包服务商进入市场参与竞争，初期以价格占据优势的规模较小的外包商，如果其技术、管理等不能持续改进，随着用户成熟度的增加，这些小型的外包商就可能会被市场淘汰。经过一段时间的优胜劣汰，实力较弱的外包商会逐渐被淘汰或被实力较强的外包商兼并，最终形成大型外包商垄断的局面。一旦垄断局面形成，价格与技术等就完全由外包商操控，外包商不断抬高服务价格的行为就难以避免了。由于缺乏竞争，外包商提供优质服务的动力减弱，服务质量和对用户的快速响应也难以保证。再加上长期外包导致的图书馆对外包商的依赖，使图书馆在外包中处于被动地位，外包带来的成本优势也就难以保证了。因此，垄断局面一旦形成，有可能出现图书馆被外包商“牵着鼻子”走、甚至被边缘化的危险，这种情况在短期内是很难得以扭转的，图书馆要为此付出巨大的代价，尤其是那些接近核心业务的业务（以下称为近核心业务）实施外包，更要警惕这种情况的发生，这是需要整个图书馆界共同思考和面对的战略性问题。

2.2.10 整体外包对图书馆公益性和学术性的影响

公共图书馆的整体外包，即公共图书馆的私有化，会导致图书馆的公益性和学术性衰退而逐渐边缘化，是国内外图书馆界普遍担忧的问题。这首先是因为整体外包后，由外包商来运作的图书馆缺乏传统图书馆的文化和精神内涵。外包商可能会带来最新的技术和专业的管理模式，但正如程焕文所言，“如果一味地只强调技术，不能把技术与人文很好地结合起来，那么图书馆的发展就会偏离其正确的发展方向"①。图书馆文化是图书馆在长期发展过程中受政治、经济和社会文化等环境综合作用而逐步形成和创造的图书馆特有的物质文化和精神文化，是维系或推动图书馆生存和发展的观念形态和群体意识；而图书馆精神则是建立在传统图书馆文化基础之上的图书馆赖以发展和实现其社会价值的精神动力。一种文化和精神的形成，不是短期内就可实现的，是长期积累和沉淀的结果。图书馆文化和精神的核心就是保障读者对信息的公平和自由获取。外包商的主要目的是通过为图书馆提供服务或产品获取商业利益，图书馆外包的历史只有短短的几十年，这么短的时间内外包商很难形成与图书馆文化和精神相一致的文化，而缺少图书馆文化和精神的图书馆服务，势必变成机械式的、缺乏人文精神的流水线式服务，图书馆特有的文化氛围和学术性也面临丧失的风险，如同一个装备先进的机器人永远无法同知识丰富、富有感情和创造力的人相比一样。此外，公共图书馆整体外包意味着图书馆从传统的追求社会效益向追求经济效益的转变，导致其公共责任感的减少，图书馆的公益性也会有逐渐衰退的风险。如外包商有可能为了经济利益，过度满足一些读者的阅读需求，过度重用轻藏，使图书馆失去保存文化遗产的社会功能；也有人怀疑外包商为了自身的经济利益可能会牺牲读者的某些权益等。

凡此种种，可以看出，图书馆界对于整体外包导致图书馆公益性和学术性衰退的担忧是不无道理的。美国图书馆学会 2011 年发布了报告《保持公共图书馆的公共性——公共图书馆私有化社会思考备忘录》，建议地方政府在考虑图书馆私有化时应当全面了解当地图书馆提供的服务和对当地社区居民的影响，政府必须能够回答以下问题②：

---

① 程焕文，周旭毓．图书馆精神——体系结构与基本内容[J]．图书馆，2005(2)．

② American Library Association. Keeping Public Libraries Publica—Checklist for Communities Considering Privatization of Public Libraries[R/OL].[2014-07-14]. http://www. ala. org/tools/sites/ala. org. tools/files/content/outsourcing/REVISEDSEPT2011_ALAKeepingPublicLibraries%20PublicFINAL2. pdf.

（1）私营公司能保持图书馆已获得的公众的信任水平吗？

（2）图书馆的决策者能始终做出最有利于社区居民的决策吗？即使这些决策对公司的营利没有任何好处？

（3）图书馆服务能够或应该由私营企业提供吗？

（4）外包后公共图书馆和社区居民的关系会有变化吗？

（5）私有化后图书馆作为一个公益机构的角色会发生改变吗？

上述问题也正是人们对公共图书馆整体外包后公益性缺失的担忧，换句话说，也正是公共图书馆整体外包后的风险所在，是值得我们认真思考的。

综上所述，随着业务外包在图书馆的实践越来越广泛，业务外包的理论研究会更加深入，外包实践的经验总结也会更加丰富，图书馆对业务外包也必将会有更加全面的认识，图书馆业务外包的优势和可能存在的风险也会发生相应的变化。但有一点需要注意：优势和风险不是绝对的，每一种优势和风险也不是孤立的，而是相互联系的，在一定条件下是可以相互转化的，这取决于图书馆是否能够理性地决策、有效地管理和对其有无清醒的、较为全面的认识。认识是第一步，是利用优势、规避和减少风险的前提。充分了解和认识外包的优势和风险，有助于图书馆知己知彼，未雨绸缪，在战略上把握决策方向，在战术上制定相应的策略和措施。因此，系统地总结和研究图书馆业务外包可能存在的优势和风险是非常有必要的。

3 图书馆业务外包决策

业务外包决策是图书馆实施外包战略的开端，合理和正确的外包决策是业务外包成功实施和达到既定目标的关键。从国内外图书馆的业务外包实践来看，并不是所有的业务外包都达到了令人满意的效果，很多业务外包的失败往往是由于决策不当造成的。失败的外包决策蕴含的风险是巨大的，只会使图书馆得到比原来应该得到的少得多的价值，甚至会带来严重的后果，而这些负面影响是在短期内无法彻底弥补和消除的。对业务外包决策的研究可以为图书馆提供一个正确的决策观、理论与方法的指导，防患于未然。因此，高度重视和研究外包决策，从一开始就把风险降到最低，是计划实施外包的图书馆应该把握的首要原则。

决策是管理者在一定的条件下，运用科学的方法对解决问题的方案进行研究和选择的全过程，是一个复杂且系统的分析判断过程。图书馆外包决策需要解决的问题是：是否需要外包？外包要达到什么目的？哪些业务需要外包？运用什么样的外包策略？如何评价和选择外包商？要回答和解决这些问题，首先要对图书馆当前的内部和外部环境进行评估，对业务和管理中存在的问题进行梳理，确定哪些业务可以考虑通过业务外包来解决，业务外包要达到什么目的，这种解决方式是否符合图书馆的总体发展战略。其次是对外包商选择的决策，包括对外包商的前期调查、制定评价标准体系。应放眼长远，将业务外包做为战略的、长期的策略去考量，而不是做为短期的、暂时性的解决某些问题的手段。因此，在进行外包决策时，要在图书馆战略规划的总体框架下进行，必要时还要对战略规划进行修改和补充，也就是说，在进行外包决策时，要对图书馆的总体战略规划进行重新审视，重新梳理，使外包战略与图书馆的总体战略实现无缝对接，为以后外包的顺利实施打下基础。即便通过前期的评估，决定不需要实施外包，这样彻底的评估和梳理对图书馆未来的发展也是大有裨益的。图1是图书馆业务外包决策流程。

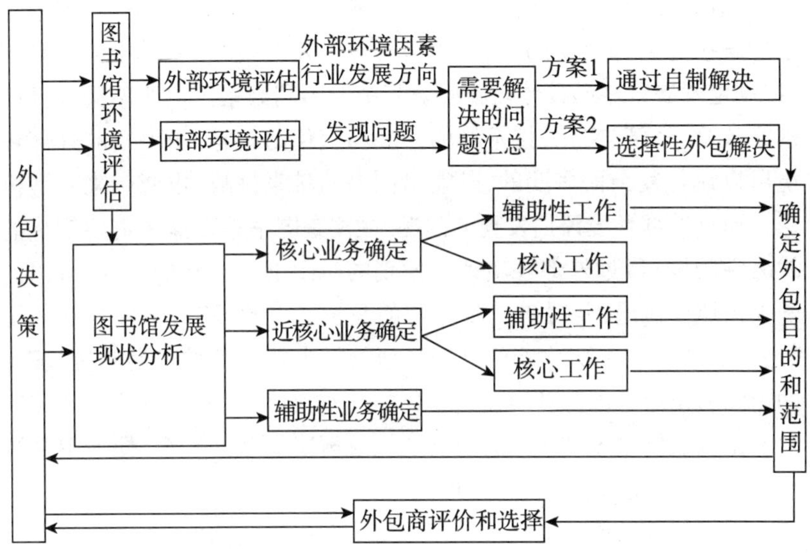

图1　图书馆业务外包决策流程

3.1　图书馆内部和外部环境评估

如果图书馆试图通过业务外包来解决当前运行中存在的某些问题，我们不应该只去考察出现问题的部门或业务，而忽视对其他部门或业务的考察。因为组织内部各个部门或各项业务之间总是存在着千丝万缕的联系，孤立地去考察一个部门或一项业务，大多数情况下并不能发现问题的本质，需要对图书馆整体及其外部环境做出详细的评估或了解，才能从根本上解决问题。

3.1.1 图书馆外部环境分析

外部环境是图书馆所在的地区政策、经济、文化、相关技术以及这些因素对图书馆造成的影响等情况，这些因素总会对图书馆发生或多或少、或直接或间接、或强烈或一般、或明显或隐晦的影响，是图书馆不能直接驾驭和改变的，但图书馆可以抓住时机，利用其中的有利因素，制定发展策略或具体措施应对其中的不利因素。由于不同地区或国家政策、经济、文化、技术等的发展和变化的差异，图书馆的外部环境可以说是复杂而多变的，既能给图书馆带来挑战，也能带来发展机遇。通过外部环境评估发现的问题，往往是图书馆发展中需要解决的战略性问题；通过外部环境评估发现的对图书馆有利的因素，可以使图书馆抓住机遇，获得进一步发展的契机。因此，随时掌握外部环境的变化，及时发现变化着的外部环境给图书馆带来的机遇和挑战，有助于图书馆结合内部环境制定总体的应对策略，更容易从战略的高度发现是否需要通过外包来解决问题以及解决哪些问题等，便于图书馆制定长远的发展规划，进行合理的外包决策。

重视外部环境的变化不仅仅是单个图书馆的问题，图书馆整个行业都应该关注和重视外部环境的变化。对图书馆外部环境的分析主要应从其所处的地区或国家的政策与法规、经济、文化、法律、技术和行业几个方面进行。

1. 政策与法规

图书馆政策是国家有关机构或组织制定的在一定历史时期内有关发展与管理图书馆事业的方针、原则和方法，是为了实现图书馆事业发展目标或解决图书馆行业某些实际问题而规定的一系列行动准则或规范，是保障图书馆事业正常健康发展的集中体现。图书馆政策往往以法令、法规、条例、通知、标准、规程、意见、规划、准则等形式体现，根据效力范围可分为国家图书馆政策、地区图书馆政策和部门（系统）图书馆政策。如 2013 年已被正式列入十二届全国人大常委会实施类立法项目的《公共图书馆法》、中国图书馆学会2008年发布的《图书馆服务宣言》、我国教育部2002年发布的《普通高等学校图书馆规程(修订)》、文化部2013年发布的《全国公共图书馆事业发展“十二五”规划》、北京市文化局2003年发布的《北京市图书馆条例实施办法》等。图书馆政策和法规涉及图书馆设立、图书馆职能、图书馆管理、经费保障、图书馆服务、信息资源建设、发展规划或政策、建设目标等内容。政策的制定一般都具有前瞻性,体现了国家在图书馆事业上的发展策略和重视程度;图书馆法规则保障了图书馆的运营和读者获取信息的权利。因此关注和分析国家、本地区、相关部门或系统现行的图书馆政策和法规,可以把握和了解国家有关部门或机构对图书馆的支持方向和力度,有助于图书馆确定下一个时期的发展目标和方向。对于高校图书馆来讲,还要注意关注国家在高等教育方面的政策和规划,因为其中往往涉及高校图书馆的发展问题。在国家政策法规支持的框架内制定或修正图书馆的战略规划,在图书馆战略规划的框架内再进行外包的决策,这是外包前必须要走的步骤。

2. 经济

一个国家、地区或城市、乡村的经济发达程度不同,其图书馆事业的发达程度也不相同。图书馆管理者应该清醒地认识到这一点,对当地经济情况和未来经济的发展趋势进行了解,特别是了解在当地现有经济条件下,图书馆面临的问题及其特别之处,因地制宜地制订图书馆发展的策略和规划。需要考虑的经济因素有以下两个方面:①经费问题。由于经济因素的影响,不同地区政府对图书馆的重视和支持程度也会有所不同,普遍的情况是经济发达地区的图书馆经费相对经济不发达地区的图书馆要相对充足。对于经济欠发达地区来说,图书馆经费的改善是需要一个逐渐发展的过程,和本地区的经济发展以及国家的扶持政策密切相关,在这种情况下,如果图书馆要引入外包,应将外包的主要目标确定为节约经费,以便有足够的资金来保证图书馆正常读者服务活动的质量。图书馆应时刻关注当地经济政策,把握经济发展趋势，寻找改善图书馆经费状况的途径和办法，在进行外包决策时将这些因素进行统筹考虑。经济条件较好的地区，政府对图书馆的投入和重视程度较高，引入外包的目的就不仅仅是节约经费，而应考虑提升服务质量或其他方面。②由于各地区的产业结构不同，人们对知识和信息的需求程度、需求内容、信息的获取方式和获取能力也不相同，例如以制造业为主和以农业为主的地区，读者对信息内容的需求就会不同，图书馆的服务方式和服务内容也应该有所不同。图书馆要想在区域内成为文化和信息中心，凸显自身在经济发展中的作用，就应该根据当地经济环境下读者的特点提供相应的服务，在经济欠发达地区，这样的服务显得尤其重要。此外还要根据经济环境，加强图书馆对自身的营销和对潜在读者的开发和教育等。当然，经济原因导致的各地区图书馆面临的不同情况也不仅限于这两个方面，由于地区差异还会有其他的影响因素，在外包决策前对这些因素的充分了解，有助于将外包纳入到图书馆整体服务的规划和发展策略中，有助于图书馆思考如何才能借助外部的资源成为服务当地经济和文化的主要力量，彰显图书馆作为信息资源中心的重要作用。

3. 文化

图书馆是人类文化进步和发展的产物，作为公益性的社会文化机构，图书馆一方面承担着保存文献、传承文明的社会功能，是社会文化系统重要的组成部分和社会公众享受文化权益的场所；另一方面，图书馆也对文化的发展起着一定的促进和影响作用。随着人口流动日益频繁，技术导致的信息流通越来越发达的情况下，形成了多元文化的交汇和融合，文化的更新转型也日益加快，新的文化不断形成，旧有的文化不断被修正和重构。图书馆既要考虑当地的历史文化和传统文化，也要考虑随着时代的发展，文化的不断变化对读者信息需求的影响，此外还要考虑由于人口流动导致的不同层次、不同地区甚至是不同国籍的多元文化人群的服务。例如，要保存和传承传统文化，就要加强地方文献的收藏、建设和利用，在条件许可的情况下，还要考虑对这些文献进行数字化或建立相应的数据库，方便读者检索利用；再如，随着时代的发展，人们有越来越多的休闲时间，对休闲文化的需求越来越强烈，这就要求图书馆充分发挥文化休闲功能，引导大众休闲，通过开展形式多样的服务活动，在提升全民综合素质的同时，积极参与社会文化建设。针对有些地区外来人口不断增长的情况，图书馆还应积极开展多元文化服务，丰富相关馆藏，制定相应的服务策略；对于高校图书馆来讲，除满足教学、科研对文献信息的需求以外，还要关注网络和信息技术对校园文化的冲击，考虑在现阶段校园文化背景下，如何发挥图书馆在校园文化建设中的重要作用，加大图书馆宣传力度，有针对性地开展读者活动，满足读者需求。因此，图书馆对其所在地区的文化的考察，有助于制定或调整馆藏和读者服务策略，发挥图书馆作为区域信息中心的作用，深化和拓展读者服务。这无疑为外包的决策提供了更多的参考和依据，图书馆可以借此考虑通过外包进行服务创新、提高服务质量或解决服务中遇到的问题，如地方文献的数字化外包、图书馆休闲空间管理的外包、社区图书馆的外包等。

4. 技术

计算机技术的飞速发展和在图书馆的应用，对图书馆的发展产生了革命性的影响，彻底改变了文献信息加工、处理和服务的方式，极大地提高了图书馆的工作效率和工作质量。同时，计算机技术的高速发展还带动了信息技术、通信技术、多媒体技术和网络技术的高速发展。数字图书馆技术作为这些技术在图书馆的深度应用，极大地拓展和改变了传统图书馆的馆藏建设和读者服务，资源使用效率也大大加强。这些新技术成为图书馆为读者提供更加方便、快捷、高水平和海量信息服务的工具和手段，为图书馆的发展创造了有利条件。这些先进的技术不仅仅改变了图书馆，同时还改变了读者，改变了人们的阅读习惯，拓宽了人们获取信息的途径，使图书馆作为社会信息中心的地位发生动摇。全媒体、云计算、大数据等成为新一轮改变和冲击图书馆发展形态的技术因素。图书馆应该时刻关注技术的进步和发展，了解国内外最新的图书馆技术和这些技术给图书馆服务带来的变化。由于地区及图书馆间在各方面存在的差异,并不是所有的图书馆都有能力和条件或适合使用新技术来开展服务,因此,让每个图书馆将最新的技术应用到实践中是不现实的,也是没有必要的,但对新技术的了解却是每个图书馆都可以做到的。对新技术的跟踪和了解有助于对现有技术的把握,把握技术中核心的要素和关键点,了解哪些要素是技术更新后必须要保留或摒弃的,为以后的升级换代做好准备;对新技术的跟踪,还有助于拓宽思路,借鉴新技术的理念更好地开展业务。此外,还要了解受新技术的影响读者需求的变化,把握整体服务的大方向,以便对现有服务做出调整和规划。在外包前对图书馆最新技术的了解有助于图书馆决定哪些技术是需要图书馆持续掌握和学习的,哪些技术是可以完全依赖外包商的,综合考虑各种因素如价格、性能等确定图书馆更适合哪个阶段的技术。

5. 行业

做任何决策之前,都要对自身所处的行业进行全面的了解,了解整个行业的发展趋势和面临的挑战,行业内为应对挑战或解决发展中遇到的问题而制定的战略和实施的措施,以及与同类图书馆相比自身的优势和劣势所在。对于外包决策来说,还要了解行业内实施外包的情况。图书馆决定实施外包的最终目标是解决自身在运营中出现的问题,有些问题是由单个图书馆的特性决定的,是这个图书馆特有的问题;有些问题则是大多数图书馆存在的共性问题。在外包决策前,深入而广泛地了解同一问题在行业内的不同解决方法和途径,既要了解行业内通过外包解决这些问题的情况,还要了解通过自制或其他办法解决这些问题的情况,尤其是对于那些已经通过图书馆行业内部的联合或互助进行了一定程度的解决的如联合编目问题等。通过对图书馆行业的调查和全面了解,将已经实践的各种解决问题的方式与实施外包的方式汇总,并进行成本、质量、效率等方面的分析和比较,了解自制、外包、通过图书馆联盟采用联合或互助,抑或是这几种方式结合的办法的实践情况。即便是单个图书馆特有的问题，通过了解其他图书馆的类似问题的解决方式，也是可以受到一定的启发的。因此，外包决策前对整个图书馆行业的调查和了解，首先可以总结其他图书馆实施外包的经验和教训，了解相同问题或类似问题的解决办法，拓宽思路；其次可以明确外包并不是解决问题的唯一途径和万能方法，还有其他的解决办法，尤其是了解那些已经实践的行业内联合或互助的解决办法，在充分了解和细致比较后再做出决策。

综上所述，外部环境为图书馆的生存发展提供了条件，但同时也必然会限制到图书馆的生存和发展，图书馆必须认识外部环境，对外部环境因素进行分析，才能寻找发展机会，化解风险。对图书馆外部环境的考察，实际上是发现和认识图书馆行业在整个社会环境中的地位和状况，以及单个图书馆在本行业环境中所处的位置，进而分析和寻找图书馆实施外包的外部环境和条件，有助于图书馆做出适合馆情和图书馆发展方向的战略决策。事实上，除新近开设的图书馆，大多数的图书馆开放时间都在数年或数十年以上，甚至有些是百年老馆，可以说对图书馆行业的现状和所处的社会环境都是有一定了解的，我们在这里强调的是在外包决策前对影响图书馆发展的各种外部环境因素的梳理，结合对内部环境的分析，使图书馆对自身所处外在环境和行业发展方向有一个清晰和明确的认识，而不是模糊的、大概的估计，或差不多的表述。

3.1.2 图书馆内部环境评估

对图书馆内部环境的评估要详尽而全面，以便于发现和解决图书馆内部存在的问题。主要应包括以下几个部分：

1. 经费

经费是图书馆生存和发展的基础，不论经费充足与否，合理的经费分配和管理才可以发挥其最大的效益，尤其在经费不足时，管理和分配就显得尤为重要。对经费的评估首先应了解最近几年经费的总体变化情况,是上涨还是下降,亦或是维持在一定水平。考虑到政策变化的连续性,应查看近5年内图书馆经费总额的变化情况,掌握经费总体变化趋势,在此基础上,再考察经费的分配、使用和管理情况。此外,还要注意,除正常的政府财政或学校拨款外,图书馆是否还有其他经费来源,如有,要明确金额大小、来源是否稳定等。

考察经费在图书馆各类业务的分配比例,同样也要查看近5年内的历史情况,总结随着业务的变化,经费的分配和使用情况发生的变化。经费分配及使用情况可分为文献资源建设费,自动化、网络建设、计算机等设备购置和维护费,传统读者服务项目费,新增和拟新增读者服务项目费,服务推广和宣传费,馆员学习和业务培训、研究费,行政管理、办公和物业管理费等几个大项去考察,每个大项根据业务性质、经费流向还需进一步的分,如表1所示。每个大项获得的经费使用情况信息有助于从宏观上发现经费的分配和使用情况,对每个大项的细分则可以进一步发现资金的具体使用流向。对图书馆整体经费的考察有助于初步判断经费使用是否合理,是否需要借助外包来节约运行成本。当经费不充足时,对于费用较高的非核心业务,就可以初步考虑实施外包。

表1 图书馆经费分配及使用情况考察项目表

<table>
<tr><td rowspan="5">文献资源建设经费</td><td rowspan="3">纸质资源</td><td>购置费</td></tr>
<tr><td>编目费</td></tr>
<tr><td>图书、刊等加工费</td></tr>
<tr><td>电子资源</td><td>购置及维护费</td></tr>
<tr><td>自建数据库</td><td>建设费</td></tr>
</table>

续表

<table>
<tr><td rowspan="4">自动化、网络建设、计算机购置及维护经费</td><td>自动化设备购置费</td><td rowspan="4"></td></tr>
<tr><td>自动化系统管理、维护费</td></tr>
<tr><td>计算机购置、维护费</td></tr>
<tr><td>网络建设及维护费</td></tr>
<tr><td rowspan="5">传统读者服务项目经费</td><td>流通、阅览</td><td rowspan="5"></td></tr>
<tr><td>参考咨询</td></tr>
<tr><td>馆际互借与文献传递</td></tr>
<tr><td>查新、查引</td></tr>
<tr><td>读者培训(教学)</td></tr>
<tr><td rowspan="3">近期新增或拟新增读者服务项目经费</td><td>服务项目 1</td><td rowspan="3"></td></tr>
<tr><td>服务项目 2</td></tr>
<tr><td>……</td></tr>
<tr><td rowspan="3">服务推广及宣传</td><td>对口服务(学科服务、不同类型读者服务)推广</td><td rowspan="3"></td></tr>
<tr><td>读者活动(讲座、报告会、其他活动等)</td></tr>
<tr><td>读者调查</td></tr>
<tr><td rowspan="7">馆员学习和业务培训及研究项目</td><td rowspan="2">馆员深造、培训</td><td>馆员新业务培训</td></tr>
<tr><td>馆员继续教育</td></tr>
<tr><td rowspan="4">业务和专业研究项目</td><td>馆藏发展研究</td></tr>
<tr><td>读者利用研究</td></tr>
<tr><td>图书馆发展趋势研究</td></tr>
<tr><td>……</td></tr>
<tr><td>其他图书馆研究项目</td><td></td></tr>
<tr><td>行政管理、物业管理及其他日常杂费</td><td></td><td></td></tr>
<tr><td>其他项目经费</td><td></td><td></td></tr>
</table>

根据表1，列出每个大项及细分项目近5年投入的实际经费，并计算出每个大项经费占总经费的百分比及细分项目经费占所在大项经费的百分比，就可以看出整体经费的流向，据此可以分析出哪些业务的经费投入需要加强或削减。如果发现非核心业务经费投入过高，而核心业务投入欠缺，可以考虑对非核心业务实施全部或部分选择性外包；对于接近核心业务或者对核心业务的发展起战略性作用的近核心业务，如馆员的培训、深造以及图书馆相关研究项目投入太少，在经费短期内没有增长的情况下，也可以考虑通过非核心业务的外包，将节约下来的经费投入到这些更为重要的项目上来。但这只是从经费的角度做出的外包的初步判断。

2. 人员

人才是图书馆持续发展的根本，是图书馆提供优质服务、应对环境变化和挑战的关键因素，是图书馆最具能动性的生产力要素。对人员的考察，主要是了解图书馆各类业务人员的知识结构、学历层次、专业能力以及性别、年龄等实际情况，与人员结构的理想状态进行比较，了解当前人员结构中存在的问题，找出当前人员结构与图书馆未来发展所需人才队伍的差异。图书馆人才队伍可能出现的不利情况有：①某些业务出现专业技术人员短缺的情况，不能满足当前业务的发展；②临时聘用人员较多，影响人员长期培养规划的制定和实施；③有些部门人员太多，导致人浮于事；④人员年龄结构失衡，馆员年龄偏大，知识老化，快速接受信息技术的能力下降，缺乏创新能力；⑤人员学历层次不均，高学历人员所占比例太大，导致一些技术含量低的工作无人愿做，只能聘用临时人员，亦或高学历人员所占比例太小，导致研究性工作、高层次的知识服务工作人才缺乏。

对于某些业务专业技术人员短缺、临时聘用人员较多的情况，可考虑通过外包来解决，但同时还需考虑其他因素，如这些业务是否是图书馆的核心业务，图书馆的长期战略规划中对这部分业务的发展规划、人才队伍建设的规划是通过外部资源进行补充和加强，还是通过图书馆进行人才队伍建设后通过自制来解决。明确了这些问题，有助于从战略的高度和长远的规划进行外包决策，而不是“临时抱佛脚”，只图短期内暂时解决问题，对未来的图书馆战略规划实施造成影响，甚至使战略规划的某些计划成为一纸空文。除此之外，由于外包后不可避免地要对图书馆原有业务人员进行调整，进而对图书馆的整个人员结构会造成一定影响，因此，一旦决定实施外包，对人员情况的调查有助于在决策之初对图书馆的战略规划进行调整，将外包实施后对人员结构的影响提前考虑，提前部署，提前制定出相应的对策和解决办法。鉴于此，对人员情况的调查应该尽量详细而周全，为决策时全面考虑提供参考依据。表 2 为馆员填具的个人情况表，表 3 为各业务部门填具的部门人员情况表。实践中可根据各馆实际情况酌情增减调查项目。

表 2　馆员个人情况表

所在部门＿＿＿＿＿＿＿＿　　填表时间＿＿＿＿＿＿

姓名		性别		年龄		职务	
参加工作时间				进入图书馆时间			
工作经历							
业务专长							
学术成果							
研究方向							
兴趣爱好							
自我评价							
对本部门工作的意见和建议							
对图书馆发展的意见和建议							

续表

经调查研究,决定××业务实施外包,是否了解和关注	□是　　□否
对于实施外包的建议	
如外包后需进行工作调整,希望从事什么工作	
工作调整后个人面临哪些困难	
其他想法或建议	

表3　部门情况调查表

部门
现有人员总数______,其中男______人,女______人,博士学历______人,硕士学历______人,本科学历______人,其他______人,业务骨干______人
部门现有人员分工: 姓名1 __________职责________________工作内容______________________ 姓名2 __________职责________________工作内容______________________ 姓名3 __________职责________________工作内容______________________ ……
部门实际所需工作人员______人,其中,专业人员______人,辅助人员______人 理由: 人员情况总结:

表2和表3的情况汇总后,即可对本馆人员结构有较为全面的了解。通过对馆员个人情况表的分析,可以预测实施外包后可能出现的馆员心理变化、工作预期等,有助于决策者评估外包对馆员工作状态和工作积极性的负面和正面影响,可提前对图书馆人员结构调整进行规划,分析外包人员调整可能带来的风险。

3. 管理

图书馆的管理包括了图书馆发展过程的全部工作内容,无论图书馆采用的是传统的等级结构管理模式还是扁平化管理模式,抑或是介于这两者之间的其他管理模式,对于其管理状况的审视和评价实际上是对其整个业务流程的有序性以及这种有序性带来的社会效益的评价。同时,有序性并不是机械式的有序,而是有着持续性的、源源不断的推动力的向前的流动,就如同一条向前奔流的大河,后浪推前浪这种持续不断的动力,才让整条河流向前不止。也就是说,科学的管理应该是图书馆发展的动力和活力所在。表面的有序管理,看似有条不紊的业务工作,也许内部往往缺乏动力和活力,整个组织信息交流不畅,灵活性差、缺乏创新能力,业务虽然每天在进行,却一成不变,没有新意,不能满足读者的多样化需求。如果出现这种情况,则可以考虑引入外包。外包引起的人员变动,组织和资源的重新调整,可以刺激或一定程度上打乱原有的管理模式,促使管理者重新考虑新的管理方法。外包就如同在平静的水面投入的一粒石子,虽然引起整个水面的波动,但同时也为整个组织的活力再造打开了缺口。

因此,对图书馆管理的评价,就是要找出现有的管理模式下整个业务流程中是否有波动,是否缺乏动力和活力。评价可以考察近5年内的部门设置、规章制度、中层及以上管理者变动及提拔情况、馆员的学术成果或完成的科研项目、年度工作总结(报告)、创新服务、引进人才情况、组织的学术活动等几个方面,这种评价更看重组织内部的流动性及活力,而非只看管理的结果。具体的评价指标如下:

(1)部门设置。考察近5年内的部门设置情况、部门工作职责、工作人员数量和专业结构的变化,得出近 5 年图书馆各部门及部门内部发生的具体变化。如果在此期间出现以下情况,如部门设置未做任何调整,工作职责没有任何变化,专业人员没有增加或发生调动,则说明组织内部缺乏员工激励机制,已长久未做革新和调整,整体缺乏活力和创新。

(2)规章制度。图书馆的规章制度是指图书馆制定的组织业务过程和进行业务管理的规则和制度的总和,是图书馆内部的“法律”,包括了图书馆正常运营和管理的各个方面。图书馆的规章制度可起到进一步深化图书馆业务管理、充分调动和发挥馆员的积极性和创造性、规范馆员的行为和职业道德、保障图书馆业务运营的有序性和规范化的作用,是为读者和用户提供优质服务的保障。但规章制度不是一成不变的,应该随着图书馆的内部和外部环境以及读者需求的变化进行调整。通过考察近 5 年内图书馆的规章制度的变化情况获知这一时期图书馆内部管理的革新情况。

(3)中层管理者的变动及提拔情况。中层管理人员处于高层管理人员和基层管理人员之间的位置,是贯彻执行高层管理人员所制定的重大决策,监督和协调基层管理人员工作的桥梁。图书馆的中层管理者可以说是业务的中坚力量,是基层馆员的直接管理者。他们大都从基层做起,熟悉图书馆业务,建立了深厚而广泛的基层馆员关系网络,更容易和基层馆员协调沟通。但中层管理人员更注重自我价值的实现,他们希望能得到提升的机会和获得更大的成就感。如果图书馆在很长一段时期内没有对管理人员进行提拔,必然导致他们士气低落,价值观认同和公平感缺失,自觉性、热情和创造力也随之下降,组织的持续创新能力随之减弱。在外包决策时,了解管理中出现的此类问题,可以对外包后出现的人员调整有充足的准备,也可以借外包对整个人力资源管理结构进行重新调整。

(4)馆员学术成果或科研项目。一定时期内的馆员的学术成果直接反映图书馆的整体学术氛围,反映了馆员的知识结构和创新能力,是整个组织是否具备发展动力和活力的具体表现。学术成果同时也反映了馆员对自身职业发展的诉求,是馆员实现自我价值的体现。馆员对自我价值的目标的追求也可以促进图书馆整体目标的实现,一个在一定时期内没有明确目标、没有馆员激励机制的图书馆,馆员必然缺乏对业务和学术研究的动力和热情,除去为了评职称而不得已为之,学术成果的数量就可想而知了。因此,考察近5年内馆员的学术成果数量及质量是对图书馆整体发展动力、活力和创新能力的考察,是对组织内部潜力的评估,有助于在选择性外包的决策中权衡利弊,依据组织内部潜力的大小,做出外包或自制的决策。

(5)工作总结和工作报告。大部分的图书馆在一个年度结束之后,都会进行工作总结,提交工作报告,包括整个图书馆的年度报告、部门年度工作报告,有些图书馆还需提交个人年度工作报告或述职报告等。工作总结或报告一般都会包括做法、成绩、不足和改进4个方面的内容,对一年来所取得的成绩进行总结,找出不足,以便来年改进。因此,考察一定时期图书馆的各类工作报告或总结,可以了解这一时期图书馆的运营和管理情况。如果报告内容详细、数据全面,无疑是总结图书馆这一时期业务和管理工作的最好资料;如果报告内容空洞、言而无物,也反映了图书馆在这一时期管理的松散以及馆员的整体工作状态。因此,对工作总结(报告)的考察有利于在外包决策时把握图书馆整体管理状态,为外包决策时权衡利弊提供参考。

(6)创新服务。一定时期内图书馆开展的创新服务的数量反映这一时期图书馆业务运营的整体活跃程度。如果长期没有或很少进行服务创新,较少开发新的服务项目,整体的创新能力和应对外部环境变化的能力就会下降,组织内部惰性增加,员工工作态度消极,得过且过、不求进取,对组织内部事务漠不关心;对读者来讲,会认为图书馆提供的服务"就是这样了,不会再有什么了"。

(7)组织学术活动情况。经常性地组织各类学术交流、研究活动,是图书馆营造良好的学术研究氛围、激发馆员创新精神和学习欲望的有效手段，有助于图书馆建设学习型组织，快速接收和消化行业最新研究成果。因此，考察一定时期内图书馆组织或举办的学术交流和研究活动，可以了解和掌握图书馆是否具备激发组织内部学习的能力，管理者是否重视馆员的继续教育和学习，图书馆整体是否在紧跟行业发展方向等。

如上所述，这些看似和外包没有直接关系的评估项目，却能使决策者对图书馆的整体管理情况有较为详细的了解，找出组织的活力和动力在哪个环节出现了问题，明确引进外包后要改善管理的哪些方面，制定什么样的应对策略，发挥外包的哪些优势，规避哪些风险，进而为外包后图书馆的管理注入活力。

4. 馆藏

馆藏是图书馆收集的各种类型文献资料的总和，是图书馆赖以存在的物质基础，是满足读者需求的根本保证。随着信息技术和互联网的发展，数字化资源、网络资源的大量出现，图书馆的馆藏政策有了新的内涵，其职能也发生了很大的变化。对图书馆过去一定时期的馆藏发展状况进行评价与总结，了解当前的馆藏结构和发展状况是否符合图书馆的战略规划、方针和任务，是否能满足数字环境下读者对文献信息的多样化需求，重点要进行哪些资源的建设，不同类型的资源占有率是否合理，目前的馆藏政策是否需要调整等，是外包前必须要做的调查工作之一。与馆藏相关的外包业务种类较多，如采访、编目、纸质文献数字化、数据库建设等，对馆藏状况全面了解，再结合图书馆的经费、人员、管理等情况，有利于做出与此相关的正确的外包决策。

由于对馆藏进行全面系统的评价需要耗费大量的人力、物力和时间，因此可参考最近一次的馆藏评价结果，结合当前的实际情况，将馆藏分为纸质馆藏和电子馆藏（包括网络文献）两个大类分别进行考察。考察的目的主要是了解在当前馆藏发展规划及馆藏选择与收集方针、文献建设规划的框架内，哪些业务或存在的问题可以通过外包的方式改善和解决，前提当然是这些规划或方针能够满足读者的需求和图书馆整体的发展战略。

(1)纸质馆藏的考察。目前图书馆对馆藏数量、质量以及使用情况的评价方法很多,较常用的资源评价方法有通过书目对比分析法、馆藏结构分析法进行馆藏质量的评价,通过流通记录分析法、阅览记录分析法、引文分析法、读者评价法等进行馆藏使用状况评价,通过数量统计分析得出馆藏的学科分布、文献增长率等。可参考图书馆最近一次的馆藏评价和制定的馆藏发展政策,由采访、编目、流通等相关部门上报最新运行情况后进行汇总;同时要进行一次读者满意度调查,掌握读者最新需求,明确是否需要进行馆藏的重新组织和管理,是否需要进行深度加工和开发,馆藏的完备性如何,哪些类型的文献需要增加收藏率,哪些需要剔除等,为纸质文献的采访、编目、加工、数字化等的外包决策提供定性和定量依据,确定引入外包后需要改善哪些方面,并充分考虑外包后有可能产生的质量问题,预期要达到的目的,与当前状况的衔接和调整等。

(2)电子馆藏的考察。电子馆藏由于与印刷文献从保藏形态到使用方式、环境等都有很多不同之处,除文献计量方法、馆藏结构分析、引文分析和读者调查方法适用外,还需要有针对电子馆藏的专门的评价方法和指标。图书馆应制定电子馆藏的发展政策,以便建立合理、实用的电子馆藏体系。电子馆藏的发展模式主要是自购或引进商业数据库,如电子图书、电子期刊、数值事实型数据库、多媒体数据库等;其次是图书馆自建数据库,如书目数据库、特色数据库、专题数据库、网络资源的搜集整理等。目前图书馆对商业数据库的评价主要可以归纳为以下几个方面:评估其内容的权威性、学术性、学科范围、文献数量等,考察其是否符合读者需求;评估其利用率和使用性能,考察其是否更接近读者需求并易于使用;评估供应商的服务是否及时有效;评估价格因素,考察其价格上涨幅度,综合利用率、文献数量、性价比等。另外,还需进行一次读者的满意度调查,了解读者对电子资源的最新的使用和需求情况。基于对商业数据库的评价,图书馆可考虑是否用自建数据库代替部分商业数据库，或者弥补商业数据库在内容、利用等方面的不足。通常自建数据库的建设方式包括外包和图书馆自制，那么就需要将这两种建设方式所需的成本、达到的效果等进行预评估，与商业数据库进行充分的比较分析，为外包的决策提供依据。

5. 图书馆自动化系统建设评价

图书馆自动化系统是应用电子计算机技术使图书馆的采访、典藏、编目、流通、公共检索、咨询、资源建设和共享、联机编目、馆际互借等业务工作及其他管理工作实现全面自动化的人机结合系统，是图书馆实现管理现代化的重要设施，在现代图书馆中占有重要地位。图书馆自动化系统由硬件系统、软件系统、数据库和相应的管理人员组成。在制定外包决策前，要对当前已有的图书馆自动化系统的功能、检索性能、管理性能、与图书馆行业标准的兼容性能以及相应的硬件设备进行考察，分析当前系统是否能满足图书馆业务发展和读者需求。如果已有的自动化系统不够完善，已不能满足图书馆工作业务需求，甚至阻碍了图书馆某些业务的开展，如图书馆联盟、馆际互借、资源共享等，就要考虑对现有系统进行升级、二次开发或更换新的系统。

目前，图书馆自动化系统的建设、升级和维护多采用外包的方式，或者直接移植厂商的系统，或由图书馆提出需求，由外包商负责设计提供或进行二次开发。进行外包决策时，除考虑系统的功能和各项性能是否能满足图书馆当前和未来一定时期的需求外，还要考虑升级或引进新系统所带来的成本问题。这些成本主要有：系统交替成本，即新系统升级或购进的费用、人员的配置和培训费用、硬件设备的配置和更新费用；系统后期使用中的维护费；与图书馆其他业务系统进行无缝连接的开发费用；与区域内其他图书馆系统的挂接开发费用，如总分馆、馆际互借、通借通还等。由于图书馆的规模、服务对象、所在地区不同，图书馆业务所需的自动化水平也各不相同，因此，应根据实际情况较为准确地估算系统升级或更换需要的资金投入，综合考虑图书馆当前和未来一定时期内业务发展的需求和总体的经费以及人员分配情况,才能够做出较为合理的决策。

6. 服务

服务性是图书馆的根本属性之一,是图书馆存在的必要条件,是图书馆发展的核心价值所在,也是图书馆综合实力的体现,图书馆所有的建设和发展的最终目的都是为了提高读者服务的水平和质量。图书馆服务是图书馆利用自身的技术、资源和人力等满足读者需求的过程和结果,其质量的好坏受馆藏、馆员、管理、理念、技术、软件和硬件设施等诸多因素的影响,因此,对图书馆服务的考察与评价是对图书馆整体运营的检验,有助于从整个运营环节上发现问题,了解用户信息需求和服务需求,为通过外包改进服务质量、提高服务水平提供参考依据。

目前,基于用户的图书馆服务质量评价方法获得了图书馆界较多的认同,在实践中也应用最多,这种评价方法从读者的角度出发,将读者的评价作为检验图书馆服务水平的标准。常用的评价模式有美国市场营销学家 Parasuraman 等提出的 SERVQUAL 测度模型、美国研究图书馆学会在 SERVQUAL 基础上针对高校图书馆和研究型图书馆设计的 LibQUAL™服务评价模型以及美国马里兰大学图书馆创建的模糊优化法 ClimateQUAL™等。在实际应用中,图书馆一般会结合本馆的特点对这些方法进行修正使用。服务质量评价应至少包括以下内容:

(1)环境:包括馆内公共环境的清洁卫生、是否需要休闲区的设置、室内温度、照明、安全等;馆外环境的清洁卫生、门前绿化、交通、停车和交通疏导等。环境的评价结果可作为实施物业外包的参考依据之一。

(2)馆员服务:包括馆员的服务态度、语言、仪表、服务水平、专业能力、解答问题的效果等。馆员服务的评价结果可作为咨询服务台、流通等和读者直接接触的业务外包的参考依据之一。

(3)服务效果评价:包括图书馆服务的针对性和广泛性、对用户需求的响应效率、服务的主动性和及时性、对用户个性化需求的关注程度、图书馆开展的用户培训活动、开馆时间的合理程度、图书馆开展的其他非借阅活动、馆际互借与文献传递服务、对用户意见与建议的回复或改进、图书馆网站(主页)满足用户信息需求的程度、图书馆提供的其他便利服务等。服务效果反映了整个服务过程的效率和有序程度,便于发现服务过程中出现问题的环节,是图书馆整个运营效率的真实而详尽的体现,为服务的改善和提高指明了方向。因此,这些来源于读者的详细调查,有助于在外包决策时统筹兼顾、全面考虑,尤其是在进行与服务相关的外包决策时,对于是否外包,外包要达到的什么样的目标,服务效果的评价结果就成为这一决策的重要依据。

(4)设备评价:从读者的角度对设备进行的评价不同于图书馆对设备的评价。读者更注重设备使用的方便、舒适,功能是否齐全,评价的范围也限于读者可以直接或间接使用的设备,因此,评价结果只反映了读者对这些设备的满意程度,而不是图书馆的所有设备,这一点是需要注意的。读者对设备的评价包括书库、阅览室、研讨室、多功能厅等的地理位置和分布情况,桌椅、书架的布置和舒适程度,检索、阅览设备、借还设备的功能、布置和使用情况,各种方位指引和标识的设置情况,开水房、洗手间等的设置及卫生情况,复印、打印设备的功能、布置和使用情况,空调、电扇的布置和使用情况等。设备评价可了解当前设备的数量、功能、维护保养情况,发现存在的问题和不足,成为设备维护外包和物业外包的参考依据之一。

(5)文献:可参考馆藏评价结果,这里不再赘述。

综上所述,对图书馆内部环境的评估,实际上就是全面、细致地了解一定时期内图书馆的整体运营状态和服务水平,了解图书馆内部的资源分配(包括人力、物力、财力)和管理情况,了解各项业务开展的有序程度和工作效果,进而分析和梳理图书馆当前和未来组织内部的潜力和存在的不足,为解决是否需要外包、哪些业务需要外包、外包要达到什么目的提供参考依据,也为后期制定详细的外包方案打下基础。"图书馆是个生长着的有机体",我们要借助外部的力量来促进这个有机体的健康生长,对其内部的详细了解是必不可少和非常重要的。

最后,要把对图书馆内外环境的结果进行汇总和分析(见表4),初步判定拟进行外包的业务,为进一步的决策打下基础。

表4　图书馆内部与外部环境评价汇总表

<table>
<tr><td rowspan="6">外部环境</td><td></td><td colspan="2">优势</td><td>劣势</td></tr>
<tr><td>政策法规</td><td colspan="2"></td><td></td></tr>
<tr><td>经济</td><td colspan="2"></td><td></td></tr>
<tr><td>文化</td><td colspan="2"></td><td></td></tr>
<tr><td>技术</td><td colspan="2"></td><td></td></tr>
<tr><td>行业</td><td colspan="2"></td><td></td></tr>
<tr><td>对外部环境的总体分析</td><td colspan="4"></td></tr>
<tr><td rowspan="7">内部环境</td><td></td><td>优势</td><td>劣势</td><td>拟进行外包的业务</td></tr>
<tr><td>经费</td><td></td><td></td><td rowspan="6">业务1
业务2
业务3
……</td></tr>
<tr><td>人员</td><td></td><td></td></tr>
<tr><td>管理</td><td></td><td></td></tr>
<tr><td>馆藏</td><td></td><td></td></tr>
<tr><td>图书馆自动化系统</td><td></td><td></td></tr>
<tr><td>服务</td><td></td><td></td></tr>
<tr><td>对内部环境的总体分析</td><td colspan="4"></td></tr>
</table>

3.2　基于我国图书馆发展现状的核心业务识别

没有核心业务,就不会有核心竞争力。现代图书馆的核心业务,是图书馆核心竞争力的重要组成部分,是图书馆应对读者变化和其他信息提供机构双重挑战的重要手段。图书馆不仅要为读者提供优质服务，而且要提供区别于其他信息提供机构的、只有图书馆才能提供的独特的服务，只有这样，图书馆才能在未来不被边缘化，才能体现图书馆的社会价值，才能更多地获得政府及主管部门的重视和支持。因此，图书馆必须要明确自己的核心业务。核心业务的确定，是图书馆制定发展战略的基础，是进行外包决策的重要依据。例如，对于需要进行选择性外包或部分外包的图书馆来说，核心业务确定后，就可以集中精力，对其进行重点开发和建设，非核心业务可以根据图书馆内、外环境的评估，权衡利弊后决定是否外包；近核心业务则慎重选择外包。对于实施整体外包的图书馆来说，核心业务的确定也是非常有意义的，有助于政府或相关部门明确整体外包后图书馆的发展方向和发展目标，在签订协议时能够对承包商的责任和义务更加明确，以便达到外包的目标和效果。

纵观图书馆的整个发展历史，随着时代的变迁、社会的不断发展以及人类科学技术推动下的人类文明的不断进步，图书馆肩负的历史使命和社会职能的重心也在不断地发展变化，图书馆所专注的核心业务也总是在不同的社会时期呈现出不同的特征。从近代图书馆的职能由古代图书馆单纯的保藏文献演变为藏用兼顾、图书馆成为社会教育和普及文化的场所以来，图书馆核心业务的变化无不是围绕着读者服务这一中心展开的。

20 世纪以来，随着信息技术和计算机技术的飞速发展，现代图书馆更是发生了质的飞跃，信息资源加工、存储、检索、传输和利用的方式发生了根本性的变化，数字化馆藏所占比例日益提高，纸质馆藏不再是图书馆唯一重要的馆藏资源；基于网络环境的、可共建共享、超大规模存储、不受时空限制的数字图书馆的出现，使现代图书馆的发展进入高潮。然而，技术的进步不仅给图书馆创造了发展时机，读者的信息需求、阅读习惯、信息行为也在不断发展变化，互联网、商业信息服务机构、搜索引擎以其更加灵活、方便甚至是更加专业而吸引了无数读者，图书馆不再是人们查找和利用信息的唯一场所。技术的进步给图书馆带来机遇的同时也将危机摆在了图书馆面前，图书馆显然也已经深刻地意识到了危机的存在，对于整个图书馆行业来说，图书馆应该专注于什么业务，才能为读者提供有别于其他信息服务机构和互联网的信息服务？对于单个图书馆来讲，图书馆应该专注于什么业务，才能使其成为区域内大众的文化中心？也就是说，在信息时代，图书馆的核心业务究竟是什么？对于这个问题的回答，由于现阶段社会的复杂性、技术的日新月异、地区发展的差异、图书馆的规模不同等，具体到每个图书馆，答案并不是唯一的，需要结合整个图书馆行业的发展趋势和本馆的实际情况进行判断和识别。此外，我们还要注意，图书馆的核心业务不是一成不变的，而是动态发展的，不同时期、不同社会环境等社会因素对图书馆的核心业务产生了非常重要的影响。但是万变不离其宗，无论图书馆的核心业务发生怎样的变化，也只是形式上的变化，其本质和目的始终没有改变，那就是为读者服务的目的没有变，而馆藏是服务的物质基础，无论馆藏的形式、载体等如何变化，其作为图书馆为读者提供服务的物质基础的本质始终不变。因此，对于图书馆核心业务的识别，应以“藏与读”为主线，再结合现阶段或近一个时期的社会因素以及图书馆本身的特点来进行。

3.2.1 公共图书馆的核心业务

公共图书馆从诞生以来，其肩负的使命和社会职能就一直在随着时代的变迁而发展变化，在践行其使命和社会职能的过程中，公共图书馆的核心业务也在发展变化之中。在世界范围内，19 世纪中期到 20 世纪初，公共图书馆承担的主要社会职责是教育民众，这也是政治团体和社会力量认可的公共图书馆合理性的基本理由①。我国在清朝

① 于良芝．公共图书馆存在的理由：来自图书馆使命的注解［J］．图书与情报，2007(1)．

末年，在变法维新运动过程中产生了大量学会，这些学会大都建立了附属的图书馆，办馆宗旨多为教育民众、提高民智，清政府在图书馆章程中也增加了保存文化、供专家研究和学生查阅参考的条款。到了民国初期，受西方图书馆理念之影响，各类图书馆纷纷建立，国民政府为了达到开启民智、普及教育之目的，将图书馆作为学校以外重要的教育阵地，归社会教育司职掌，彼时的公共图书馆是社会教育机构之一，担负着全国文化教育的使命，发挥着社会教育的作用。图书馆的核心工作是调整和尽力丰富馆藏以适应其社会教育职能，并采取各种措施、举办各类文化活动、增设阅览室以达到方便读者借阅和普及文化的目的，亦即馆藏建设、流通和阅览是当时图书馆的主要任务。

新中国成立后，在我国政府的推动下，恢复、改造和新增了许多图书馆，建立了全国规模的公共图书馆系统，公共图书馆事业有了很大的发展。1953 年，中央人民政府文化部社会文化事业管理局下发了社管图字第 343 号公函，要求全国各地的公共图书馆"应以图书最迅速地、广泛地在读者中间流通的总原则，开展阅览、辅导、群众工作"①。1956 年 7 月，文化部社会文化事业管理局向全国图书馆工作会议提出的报告中指出，省市公共图书馆的主要任务是："（一）以图书报刊和其他出版物宣传马克思列宁主义，向劳动人民和青年学生进行爱国主义与社会主义教育，并使人民获得文化科学知识，动员广大人民进行社会主义建设的积极性。（二）收集、保藏并利用图书报刊、地方文献资料为社会主义建设和科学研究服务。（三）进行科学方法研究，对本地区内自治区馆、县馆、自治县馆、市馆、市区馆做业务辅导，并推动它们对文化馆图书室、工会和农村图书室等进行业务辅导，促进本地区图书事业的巩固、提高和发展。"同时又指出，对于某一个具体的图书馆，可以根据具体情况确定其工作重点是为科学研究服务还是为大众文

---

① 王民伟．中国特色公共图书馆发展道路初探（上）［J］．图书馆杂志，2013(5)．

化教育服务。“县图书馆目前还应该以为大众服务为主”①。

20 世纪 70 年代以后，随着技术的进步和社会的发展，公共图书馆的使命也得以扩展，除社会教育职能外，逐渐扩展了信息服务、促进社会多元文化的和谐与包容以及文化休闲与娱乐等功能。1994 年联合国教科文组织发布的《公共图书馆宣言》对公共图书馆服务的核心定义为与信息、扫盲、教育和文化密切相关，把公共图书馆的主要使命概括为：①养成并强化儿童早期的阅读习惯；②支持个人和自学教育以及各级正规教育；③提供个人创造力发展的机会；④激发儿童和青年的想象力和创造力；⑤加强文化遗产意识，提高艺术鉴赏力，促进科学成就和科技创新；⑥提供接触各种表演艺术文化展示的机会；⑦促进不同文化之间的对话，支持文化多样性的发达；⑧支持口述传统文化的保存和传播；⑨保证市民获取各种社区信息；⑩为地方企业、社团群体提供充足的信息服务；⑪促进信息技术的发展和计算机应用能力的提高；⑫支持并参与各年龄群体的扫盲活动和计划，在必要时组织发起这样的活动。由此可以看出，公共图书馆的使命已经扩展到全社会的辅助教育、科技创新、文化交流与传播以及个人和团体的信息获取能力。这一具有普适性的概括几乎适合全球的所有公共图书馆，但由于国情、馆情和地区的差异，不同的公共图书馆都在践行这些使命的部分或全部，其核心业务也在随之调整。进入 21 世纪，互联网和信息技术的飞速发展对图书馆的影响和冲击是前所未有的，在当前的数字环境下，图书馆寻求合理存在的理由，必须对其担负的使命进行重新审视，来获得政治团体和公众的支持，图书馆必须明确自己的核心业务来践行这些使命，才能应对生存危机。

近几年，随着我国政府对公共文化服务建设的重视，从整体上来看，我国公共图书馆事业的发展环境在朝着良性化方向发展。首先，

---

① 河北大学图书馆学系．图书馆法规文件汇编[M]．河北：河北大学图书馆学系编印，1985：102.

公共文化服务体系的建设正在逐渐深入。2005 年,党的十六届五中全会明确提出要"加大政府对文化事业的投入,逐步形成覆盖全社会的比较完备的公共文化服务体系"。此后,中央多次召开专门会议研究公共文化服务体系建设问题,先后下发了《关于加强公共文化服务体系建设的若干意见》《关于开展国家公共文化服务体系示范区(项目)创建工作的通知》、文化部"十二五"时期公共文化服务体系建设实施纲要等一系列相关政策文件。其次是数字图书馆技术与服务得到了大范围推广。2011 年 5 月,财政部、文化部联合发文启动了数字图书馆推广工程,旨在建立一个覆盖全国的数字图书馆服务网络,并于同年 11 月发布了《关于进一步加强公共数字文化建设的指导意见》,对各级图书馆的数字资源建设、网络服务提供和相关的设施设备配套提出了更加明确的要求。再次是政策保障机制也在不断健全。2008 年,《公共图书馆建设标准》和《公共图书馆建筑用地指标》颁布实施;2011 年,文化部、财政部先后下发《关于推进全国美术馆、公共图书馆、文化馆(站)免费开放工作的意见》和《关于加强美术馆、公共图书馆、文化馆(站)免费开放经费保障工作的通知》等文件;2011 年 12 月 31 日,我国公共图书馆服务领域的第一个国家标准《公共图书馆服务规范》正式发布;2013 年 1 月,文化部发布《全国公共图书馆事业发展"十二五"规划》;2012 年,《公共图书馆法》草案由国务院法制办正式面向社会征求意见。在这样的大背景下,各级各类公共图书馆应根据自身情况,全面考虑各种社会因素,充分利用政策、技术等优势,确定当前和未来一定时期内的核心业务,增强图书馆的核心竞争力,才能立于不败之地。

除国家图书馆外,我国的公共图书馆按行政级别划分为省级馆、地市级馆、县级馆、乡镇(社区)馆,其中省级馆包含省(自治区、直辖市)、副省级市(计划单列市)级图书馆,地级馆包含地(市、地区、盟、州)级图书馆,县级馆包含县(市)级图书馆。2008 年发布的《公共图书馆建设标准》中将图书馆规模类型分为大型、中型和小型图书馆,分别对应省级、地市级和县级图书馆。由于各级图书馆承担的服务人口数量、所在地区的经济发达程度、社会大众的文化教育程度和知识结构、馆藏和经营服务理念等的不同,其在同一时期的核心业务也各不相同。

1. 省级公共图书馆

位于省会城市的省级公共图书馆属综合性的大型图书馆,与其他各级公共图书馆相比,在很多方面都占据着优势,同时承担着比市、县级图书馆更繁重的读者服务工作和其他相关业务,有其自身的特点。其优势首先是省级公共图书馆的投资主体是省政府,因而运营经费相对充裕,大大超过了市、县级公共图书馆。其次是馆舍、现代化技术设备等硬件条件也要优于市、县级公共图书馆。第三是具有人力优势,省级公共图书馆馆员学历较高,拥有高学历或高级职称的专业技术人员较多。由于省级图书馆经常举办各类学术会议、馆员培训等学术交流活动,因此,馆员整体业务水平较高,眼界开阔,能够及时认识和充分了解图书馆行业的发展和变化趋势,对新技术的接受能力较强。第四是文献资源优势。由于省级公共图书馆经费相对充足,购书经费、电子资源和其他资源的建设经费也就较为充足,保证了其馆藏建设在本省处于优势地位。资源优势还体现在省级公共图书馆承担着本省出版物呈缴制度的执行任务和古籍文献的保存任务,因此地方文献资源建设优势明显。

省级公共图书馆同时也承担着更为繁重的读者服务工作和其他社会工作。首先,省级公共图书馆所服务人口的数量庞大。国家统计局 2012 年对我国主要城市年末总人口的统计数据显示,除银川、海口、厦门、西宁、乌鲁木齐、呼和浩特这几个城市的年末总人口在 100 万到 200 万之间,以及拉萨为 50 万之外,其他内地省会城市和直辖市年末总人口均在 300 万以上,有些经济发达城市甚至超过了 1000 万,重庆更是达到了3000多万①，而这仅是户籍人口，还没有将流动人口计算在内。由此可见，省级公共图书馆服务人口的数量是非常庞大的，虽然有城市中区级和社区图书馆同时提供服务，但省级公共图书馆在读者服务规划中还是要将所有城市人口考虑在内的，宏观上来讲，省级公共图书馆承担的是全省民众的公共文化服务。其次，省级公共图书馆要为本地区的经济建设和科学研究提供信息服务，为政府决策提供参考信息。第三，省级公共图书馆承担着搜集、整理与保存文化典籍和地方文献，建设全省信息资源中心的责任。最后，省级公共图书馆是全省公共图书馆系统的协作协调中心，需开展图书馆学理论和方法的研究，辅导各市、县、区公共图书馆业务的开展。

那么，现阶段，省级公共图书馆的核心业务是什么呢？要回答这个问题，藏与读仍旧是我们要遵循的主线，也就是说，仍旧是在努力建设好馆藏资源的物质基础上，为读者提供优质服务。省级公共图书馆要在开展为普通读者服务的阵地工作的同时，利用人才优势和馆藏优势开发高端参考咨询服务，如为政府决策提供参考信息，为企业提供科技信息服务等，以高端服务带动普通读者服务，不断开发和研究形式多样、具有当地特色的服务方式，吸引更多读者利用图书馆。虽然省级公共图书馆服务人口数量众多，但真正能利用图书馆、走进图书馆的人口与总人口数相比还是少数，因此开发潜在读者也是应该加强的工作之一。此外，要增强业务理论和方法的研究，加强对市、县、社区图书馆的业务辅导和帮扶，建设区域文献信息资源共享体系，把为普通读者服务的工作向全省延伸。因此，现阶段省级公共图书馆的核心业务应该是加强馆藏资源建设与开发，特别是加强具有地方特色和适应当地民众文化和信息需求的馆藏建设，以高端、深层次的参考咨询服务带动普通读者服务，持续关注图书馆最新技术，不断创新服务

① 国家统计局．主要城市年度数据[EB/OL]．[2014-08-05]．http://data.stats.gov.cn/workspace/index?m=csnd.

模式，加强业务理论和方法的研究，对内进行管理方式变革，对外建设区域文献信息资源共享体系，推动、辅导和帮助市、县甚至社区、乡镇图书馆建设。此外，广泛开展阅读推广活动，引导全省民众利用图书馆，营造以图书馆为中心的良好的文化氛围应作为近核心业务加以重视；高端和深层次的参考咨询服务需要具有专业知识的优秀人才，因此，人才队伍建设也应作为近核心业务加以重视。由于地区间存在差异，这里还需要强调的是，在经济欠发达地区，对于普通读者的服务和引导，开发潜在读者，以及对市、县图书馆的辅导和帮扶应该是重中之重。这是一个总体的方向，具体到每个图书馆，应该根据当地和本馆优势，形成具有当地特色的读者服务和馆藏资源。让更多的民众走进图书馆，利用图书馆，通过高端参考咨询服务为当地经济建设、科技发展和政府决策提供服务，整个图书馆行业的核心竞争力才会提高；建设本馆特色的优质服务和资源，单个图书馆在行业内的竞争力才会提高。

2. 地市级公共图书馆

地市级公共图书馆是我国公共图书馆体系中的重要组成部分，是省级图书馆和县级图书馆之间联系的纽带和桥梁，起着承上启下的作用。相较省级公共图书馆，地市级公共图书馆数量较多，并且与县级以下基层图书馆有着直接而紧密的业务联系，可以产生群体规模效应。因此，地市级公共图书馆的发展对整个公共图书馆事业的发展来讲举足轻重，其核心业务的确定不仅有助于单个图书馆的发展，对整个图书馆行业核心竞争力的提高也是非常重要的。

与省级公共图书馆相比，地市级公共图书馆有其自身的特点：首先，地市级公共图书馆运营经费主要是市财政拨款，此外还有少量的财政补贴，如由中央财政设立的中央补助地方美术馆、公共图书馆、文化馆（站）免费开放专项资金补助，2013 年为每馆 50 万元[①]。经费的

① 财政部、文化部. 财政部、文化部关于印发《中央补助地方美术馆 公共图书馆 文化馆（站）免费开放专项资金管理暂行办法》的通知[EB/OL]. [2014 - 08 - 06]. http://www.gov.cn/gongbao/content/2013/content_2473890.htm.

多少取决于当地经济的发展和地方政府对图书馆的重视程度,但目前除位于省会城市的地市级公图书馆经费相对充足以外,全国大部分地级市图书馆经费仍旧缺乏,由于经济发展的不平衡,中西部经济欠发达地区与东南沿海经济发达地区的差距越来越大,而且在同一个省内的发展不平衡也越来越凸显出来。以广东为例,2012 年深圳、东莞、珠海、佛山、清远财政拨款都上千万,而揭阳市图书馆的财政拨款仅为 64 万元[①]。安徽省也是类似情况,2012 年,财政投入在 1000 万元以上的只有合肥市馆和马鞍山市馆,而投入最少的滁州市馆仅为 60 万元[②]。经费不足直接影响图书、期刊和其他文献的购买与建设,影响图书馆自动化设施、馆内环境以及读者活动的开展,很多地市级公共图书馆办馆条件不能满足当地公众文化生活需要,亟待改善。其次,地市级图书馆普遍人才匮乏,人员编制不足,高职称、高学历馆员较少甚至没有,专业技术人员缺乏,整体专业知识薄弱,为读者提供较深层次信息服务的能力较弱,对图书馆发展趋势、最新理论和实践敏感性差。当然,在地级市公共图书馆中,也不乏经费充足、办馆理念先进、在读者中影响较大、在整个图书馆行业处于领先地位的图书馆,如东莞图书馆、佛山图书馆,但毕竟只是少数,大部分地级市图书馆还需要政府加大投入,加快发展。

在实践中,地市级图书馆除担负所在城市人口的公共文化服务,保存、收集和加工地方文献外,还要负责对县级、乡镇(社区)图书馆进行业务辅导,建立和发展当地公共图书馆系统。如果地市级公共图书馆连普通读者的文化服务都不能做充分,做到位,势必影响县级、乡镇(社区)图书馆的发展,无法引起政府和社会的进一步重视。鉴于如上

---

① 周小敏. 广东省公共图书馆地区差异报告[J]. 河南图书馆学刊,2014,34(3).

② 林旭东,朱开忠. 安徽省地市级公共图书馆的发展现状、存在问题与对策研究——基于第五次公共图书馆评估数据的考察[J]. 大学图书情报学刊,2014,32(1).

所述的地市级公共图书馆的现状，目前，我国地市级公共图书馆的核心业务仍然是依托省级公共图书馆的文献资源优势和学术研究优势，以丰富市民文化生活为切入点，大力开发和开展普通读者的文献信息服务，加大图书馆的宣传力度，广泛开展阅读推广活动，吸引市民走进图书馆，利用图书馆；再就是加强馆藏资源建设，以满足市民阅读和学习为主，充分利用共享资源；加强人才队伍建设，辅导县级、乡镇（社区）图书馆业务，将图书馆业务向县、乡镇延伸。在经费和人员专业素质许可的条件下，可以开展高端的信息参考咨询服务作为近核心业务，以进一步带动普通读者服务工作。

3. 县级公共图书馆

县级公共图书馆是我国基层文化公共服务机构，承担着为本辖区内包括农村人口在内的全部人口提供直接服务的任务，是图书馆服务基层的主要力量，是传播知识、普及科学、提高公众素质的重要阵地，尤其是对农村传播农业知识、开展农村科技服务、提供农业技术信息、丰富农村居民精神文化生活、提高农村居民的知识素养和综合素质方面起着重要的促进作用。目前我国的县级公共图书馆的发展还很滞后，与社会经济发展水平不相适应，大部分县级公共图书馆经费短缺，在基础设施、文献资源、人员队伍、服务内容、业务管理、自动化和网络化方面的建设上都还比较薄弱。县级公共图书馆的选址一般在县城或规模较大的乡镇，服务人口众多、服务范围较大，图书馆开展服务和读者利用图书馆都非常不便，虽然有省级或市级图书馆建立的基层分馆或服务点，但依然不能满足辖区内人口的文化需求。

县、乡镇、村居民精神文化生活与城市相比较为贫乏，居民对文化服务的需求潜力巨大，一些农村中小学教育存在着经费投入不足、教师队伍素质偏低等诸多问题。此外，广大农民对各类养殖技术、种植技术、农民致富经验、农产品市场信息等需求强烈。县级公共图书馆应以此为契机，将当前的核心业务定位为充分利用省级、市级公共图书馆的共享资源，加强馆藏资源建设，为辖区内居民提供丰富多彩的文化服务;辅助中小学教育,为学校提供教学和学习资源;服务农村,丰富农民文化生活,提供农业技术信息和市场信息。县级公共图书馆应从细微处逐渐参与到当地的经济建设中来,宣传和推广图书馆服务,在当地营造以图书馆为中心的文化氛围,“有为才会有位”,获得社会大众和政府的支持。对于县级公共图书馆来说,只有基础的工作做扎实了,才能进一步考虑开展高端的参考咨询服务,这是一个循序渐进的过程。此外,县级图书馆还要持续加强自身队伍建设,要在工作实践中不断提高馆员的业务能力,尽可能为馆员提供图书馆专业培训和深造的机会,为县级图书馆高端业务的开展奠定人力资源基础。

3.2.2 高校图书馆的核心业务

大学图书馆为教学和科研服务的使命始终贯穿在其整个发展过程中,其核心业务也始终是围绕着这一主题展开。大学教育的根本目的是培养适应社会发展的各类人才,2010 年我国颁布《国家中长期教育改革和发展规划纲要(2010—2020 年)》就提出:高等教育要“提高人才培养质量”“增强社会服务能力”,强调人才培养要适应社会需要的重要性。社会对大学生素质的要求越来越高,不仅要求大学生有较高的科学文化素质,还要求有较高的道德文化素质和其他技能,因此,大学教育也需要不断地进行变革和创新,才能培养出具有社会适应性的复合人才。而作为学校文献信息中心的图书馆,不仅为学校的课程和专业教学、科学研究提供优质的信息服务,同时也是对大学生进行文化素质教育、创建校园文化的重要阵地,其核心业务的范围也要随着时代的发展和学校教育工作的改革和发展目标适时调整,才能在大学整个教育、教学和科研体系中发挥重要作用,从而提高自身在大学的地位。

在我国,不同的历史时期,由于国家政治、经济环境对高等教育的影响,高校图书馆承担的主要任务也经历了一个变化的过程。对我国高校图书馆不同历史时期的主要任务进行梳理,有助于从宏观上了解图书馆核心业务的变化,对当前和未来一个时期内图书馆核心业务的识别也具有一定的参考作用。

1956 年,高等教育部颁布了《中华人民共和国高等学校图书馆试行条例(草案)》,第一条规定高等学校图书馆是为教学和科学研究服务的学术性机构,并规定了高等学校图书馆的主要任务是:“(一)搜集供应老师、学生、科学工作者及其他工作人员所需的书刊、资料。(二)统一管理全校(院)的图书工作,以科学方法进行分类、编目、流通与保管,并开展参考工作,使书刊得以充分利用。(三)通过书刊、资料宣传马克思主义及党和国家的政策法令。(四)培养图书馆的专业干部,并进行图书馆学的科学研究工作。”

1981 年教育部颁发了《中华人民共和国高等学校图书馆工作条例》,第一条规定:“高等学校图书馆是学校的图书资料情报中心,是为教学和科学研究服务的学术性机构,它的工作是教学和科学研究工作的重要组成部分。”条例还规定了高等学校图书馆的主要任务是:“1. 根据学校的性质和任务,采集各种类型的书刊资料,用科学的方法进行分类编目与管理。2. 配合学校思想政治教育工作,宣传马列主义、毛泽东思想及党和政府的政策法令。3. 根据教学、科学研究和课外阅读的需要,开展流通阅览和读者辅导工作。4. 开展参考咨询和情报服务工作。5. 开展查阅文献方法的教育和辅导工作。6. 统筹、协调全校的图书资料情报工作。7. 开展馆际协作活动。8. 培养图书馆专业干部。9. 进行图书馆学、目录学和情服学理论、技术方法及现代化手段应用的研究。”

1987 年,国家教育委员会颁布了《普通高等学校图书馆规程》,第一条规定:“高等学校图书馆是学校的文献情报中心,是为教学和科学研究服务的学术性机构,它的工作是学校教学和科学研究工作的重要组成部分。”《规程》要求高等学校图书馆应履行其教育职能和情报职能,主要任务是:“(一)采集各种类型的文献资料,进行科学的加工整序和管理,为学校的教学和科学研究工作提供文献情报保障。(二)开展流通阅览和读者辅导工作。(三)开展用户教育,培养师生的情报意识和利用文献情报的技能。(四)开发文献情报资源,开展参考咨询和情报服务工作。(五)统筹、协调全校的文献情报工作。(六)参加图书情报事业的整体化建设;开展多方面的协作,实行资源共享。(七)开展学术研究和交流活动。"

2002年,教育部对《普通高等学校图书馆规程》进行了修订,第一条规定:"高等学校图书馆是学校的文献信息中心,是为教学和科学研究服务的学术性机构,是学校信息化和社会信息化的重要基地。高等学校图书馆的工作是学校教学和科学研究工作的重要组成部分。"高校图书馆的职能规定为履行教育职能和信息服务职能,主要任务规定为:"(一)建设包括馆藏实体资源和网络虚拟资源在内的文献信息资源,对资源进行科学加工整序和管理维护。(二)做好流通阅览、资源传送和参考咨询工作,积极开发文献信息资源,开展文献信息服务。(三)开展信息素质教育,培养读者的信息意识和获取、利用文献信息的能力。(四)组织和协调全校的文献信息工作,实现文献信息资源的优化配置。(五)积极参与文献保障体系建设,实行资源共建、共知、共享,促进事业的整体化发展。开展各种协作、合作和学术活动。"

如上所述,从20世纪新中国成立初期高校图书馆恢复发展,到80年代对"文革"期间遭到的破坏进行改革振兴,经历了90年代的稳步前进以及进入21世纪以来的飞速发展,高校图书馆履行的职能和承担的主要任务也在不断变化之中,其性质从最初的学术机构到图书资料情报中心,再到现在的文献信息中心,履行的职能也从教育职能和情报职能到现在的教育职能和信息服务职能,体现了时代的变迁和技术的发展对高校图书馆承担的主要任务的影响。1956年至2002年高校图书馆法规规定的主要任务的变化对比见表5。

表 5　不同历史时期我国规定的高校图书馆的主要任务

时间	主要任务概括
1956 年	以书刊为主的馆藏建设；图书的分类、编目、流通和利用；进行马克思主义和法规宣传；培养人才、进行图书馆学研究。
1981 年	以书刊为主的馆藏建设；图书的分类、编目、流通和利用，配合学校德育工作；读者辅导和教育；参考咨询和情报服务；开展馆际互借；培养人才、进行图书馆学研究。
1987 年	以各种类型文献资料为主的馆藏建设；文献的加工、流通和利用；读者辅导与用户教育；开发文献情报资源、参考咨询和情报服务工作；开展文献资源共享；开展学术研究和交流活动。
2002 年	以实体资源和网络虚拟资源为主的馆藏建设；资源的科学加工整序和管理维护；流通阅览、资源传送、参考咨询；开发文献信息资源，进行文献信息服务；读者的信息素质教育工作；参与文献保障体系建设，实行资源共建、共知、共享，促进事业的整体化发展；开展各种协作、合作和学术活动。

由表 5 可以看出，馆藏资源建设和读者服务一直是图书馆的主要任务之一，可以说是图书馆的核心业务，其变化在于随着时代的发展和技术的进步，馆藏资源的形式逐渐多样化，读者服务的深度和广度在逐渐加大。而不同时期高校图书馆承担的其他主要任务如开展图书馆学术研究、读者教育、资源共建共享等，可以说是近核心业务，其内容在不断丰富，形式也在随着技术的进步发生着变化。政策和法规反映了其制定时期的高校图书馆的整体发展状况，以及根据发展状况制定的一定时期内的高校图书馆发展的宏观业务指导方针，具体到单个图书馆，馆情不同，所在院校不同，所承担的主要任务也会不尽相同，例如，对于一些小型的图书馆来说，就不具备开展学术研究和交流活动的各种条件。

上述不同时期制定的高校图书馆政策和法规都是建立在“高等学

校图书馆是为教学和科学研究服务”这一使命的基础之上的，高校图书馆的任务与所在学校的发展密不可分，不同高校的图书馆承担的任务也会各有不同。此外，2002 年至今，我国还没有对高校图书馆的规程进行重新修订，而这十多年间，高校图书馆的办馆条件、理念、管理方式、技术手段等都发生了很大的变化。据《2012 年高校图书馆发展报告》统计的数据显示，2012 年，高校图书馆的馆均总经费投入稳定上升，其中电子资源购置费继续攀升，数字化程度日益提高；从 2006 年到 2011 年，高校图书馆的馆均建筑面积呈持续增长趋势[①]。加上图书馆的外部环境、读者阅读习惯和信息需求的变化，高校图书馆的核心业务也必然随之调整，在这里，我们将高校图书馆按所在院校规模分为“985 工程”大学图书馆与“211 工程”大学图书馆、普通高校图书馆、高职高专院校图书馆三类，对其当前和未来一段时期的核心业务进行分析。

(1)“985 工程”大学图书馆与“211 工程”大学图书馆。“211 工程”，即面向 21 世纪、重点建设 100 所左右的高等学校和一批重点学科的建设工程，目标是一部分重点高等学校和一部分重点学科，接近或达到国际同类学校和学科的先进水平，大部分学校的办学条件得到明显改善，在人才培养、科学研究上取得较大成绩，适应地区和行业发展需要，总体处于国内先进水平，起到骨干和示范作用[②]。1998 年 5 月 4 日，国家主席江泽民在庆祝北京大学建校一百周年大会上向全世界宣告：“为了实现现代化，我国要有若干所具有世界先进水

① 王波等. 2012 年高校图书馆发展报告[EB/OL]. [2014 - 08 - 11]. http://www.scal.edu.cn/sites/default/files/attachment/tjpg/2012fazhanbaogao.pdf.

② 教育部. “211 工程”简介[EB/OL]. [2014 - 08 - 11]. http://www.moe.edu.cn/publicfiles/business/htmlfiles/moe/moe_846/200804/33122.html.

平的一流大学。”[①]1998 年 12 月 14 日，教育部发布《面向 21 世纪教育振兴行动计划》并开始实施，决定重点支持北京大学、清华大学等部分高等学校创建世界一流大学和高水平大学，继续并加快进行“211 工程”建设，大力提高高等学校的知识创新能力，即“985 工程”。

“985 工程”和“211 工程”是旨在提升我国高等教育办学质量和创建世界一流水平大学的专项工程，规划内的各高校除享受常规的财政性教育经费外，财政部和教育部还联合规划内各高校所在地方政府共同对这些高校给予充分的财政资助，提供额外的专项资金。此外，这些院校往往办学历史悠久，还有其他的经费来源渠道，如校办企业、校友捐赠等。因此，同非“985”和“211”院校相比，分配到图书馆的办馆经费相对充足、图书馆人才实力雄厚，在馆舍、图书馆自动化、数据库建设、数字资源的投入也相对较多，对新技术的应用和新的服务模式的开发也要比非“985”和“211”院校图书馆超前。但由于存在地方差异，各地政府的配套资金支持力度不同，因而图书馆整体经费也不相同，经济欠发达地区的图书馆经费与经济发达地区图书馆的经费存在一定差距，其发展状况也就不尽相同。

一流的大学离不开一流的图书馆，这在业界已成共识。而要建设一流的图书馆，首先图书馆的办馆理念和目标要与大学的整体利益和发展目标相一致，其次要有丰富的馆藏、高水平的馆员队伍、完备的服务体系，图书馆网络化、自动化也要达到一定的水平，能够及时应用新技术开发新的服务模式，满足科研人员在科研过程中随时随地进行信息存取。特色学科或重点学科建设是“985”和“211”院校建设的核心，图书馆应有针对性地提供深层次的参考咨询服务，关注学科最新

① 江泽民. 在庆祝北京大学建校一百周年大会上的讲话[N/OL]. 人民日报，1998－05－05(1)[2014－08－11]. http://www.people.com.cn/item/ldhd/Jiangzm/1998/jianghua/jh0023.html.

国内外研究动态,为科研人员提供个性化、嵌入式的信息服务。因此,对于“985”和“211”院校图书馆来说,资源建设、参考咨询服务、创新服务内容和服务模式是当前和未来一定时期内的核心业务。其中资源建设包含两个方面的含义:一是本馆各种载体、各种内容的馆藏资源建设、深度加工与开发,包括特色馆藏、特色学科的数据库建设以及机构知识库建设;二是信息资源的共建共享,通过建立与其他图书馆、相关机构之间的各种合作、协作,利用各种技术、通过各种途径开展区域内或更大范围内的资源共建共享,可以有效地补充本馆馆藏的不足,最大限度地满足用户信息资源的需求。也就是说,资源建设要从收藏与开发两个维度进行;参考咨询服务则要求有一定学科专业背景的馆员通过在线咨询、实时咨询、互动咨询、可视咨询等各种方式,为读者提供实时、动态、便捷、高效的信息服务。参考咨询服务不能停留在回答有关图书馆利用和文献查找所遇到问题的层面,要配备专门的学科馆员,为用户提供专业领域内的深层次的、有指导意义的信息服务和知识服务。创新服务内容和服务模式是指图书馆应用最新技术、结合用户需求情况,开发各种主动服务模式和内容,如嵌入式服务、学科服务推送等,以推动图书馆服务向知识服务转型。新的服务内容和模式的开发需要图书馆有专业的技术人员和高水平的参考咨询馆员以及其他服务部门人员共同研究开发,需要一定的时间、人力和物力的投入。这三方面的工作做好了,有助于所在院校的科研水平和教学水平的提升,进而提高图书馆核心能力,提升图书馆在本校的地位,促进图书馆持续良性发展。

综上所述,“985”和“211”院校图书馆为满足本校建设一流大学目标的实现,应充分利用经费相对充足的优势,将馆藏资源建设、参考咨询服务和创新服务模式开发作为核心业务,潜心进行研究和建设。在此基础上,带动对本科生的文献信息服务,发挥图书馆在本科教学、信息素养和校园文化建设中的重要作用。这里需要强调的是,本科生在“985”和“211”院校学生中占有很大比例,因此,图书馆服务不能忽视对本科生的服务，要把对本科生的信息服务放在仅次于核心业务的层面来进行。

（2）普通高校图书馆的核心业务。虽然近几年高校图书馆的馆均总经费投入在稳定上升①，但普通高校图书馆与“985”和“211”院校图书馆相比，在办馆经费、办馆理念、馆藏建设、人才队伍等各方面有着明显的差距。普通高校图书馆应根据本馆实际情况和学校实际需求进行图书馆建设，尤其是在经费有限的情况下，要优先发展软实力，如馆藏资源、人才队伍、服务模式、读者教育、阅读推广等的建设和开展，为教学和科研服务依旧是图书馆的主要任务，切忌不顾实际情况片面追求硬件设施、馆舍、自动化设备的一流和现代化。此外，图书馆还应拿出一定的精力为本科生的素质教育和校园文化建设服务，开展阅读推广活动，吸引更多的学生利用图书馆。因此，对普通高校图书馆来说，馆藏资源建设、参考咨询服务、本科生的信息服务应是其当前的核心业务。馆藏资源建设要利用有限的资金，在保证教学和科研所需基本文献、建设本校重点学科文献外，还要建设适合本校本科生阅读的有关素质教育、技能培训等的各类文献，积极参与和进行文献资源共建共享，弥补馆藏资源不足；参考咨询服务在为教学和科研提供深层次、指导性信息的同时，还要根据本科生的特点开辟新的咨询服务，如就业指导、心理咨询等；对本科生的信息服务主要有阅读推广、信息素养、技能培训等，其中阅读推广应是重中之重，浓厚的阅读兴趣、良好的阅读习惯、较高的阅读能力和阅读品位对大学生综合素质的提高大有裨益。

（3）高职高专院校图书馆的核心业务。最近几年，为促进我国高等教育大众化，提高劳动者素质，推动经济社会发展和促进就业，在国家的主导和推动下，我国职业教育事业发展迅速，根据教育部公布的

---

① 王波等．2012 年高校图书馆发展报告［EB/OL］．［2014 - 08 - 12］．http://www.scal.edu.cn/sites/default/files/attachment/tjpg/2012fazhanbaogao.pdf.

统计数据,2012 年,我国高职高专院校总数已达 1297 所[①]。2014 年 5 月 2 日,国务院发布《关于加快发展现代职业教育的决定》(国发〔2014〕19 号)提出,我国职业教育发展的总体目标之一是"总体保持中等职业学校和普通高中招生规模大体相当,高等职业教育规模占高等教育的一半以上,总体教育结构更加合理。到 2020 年,中等职业教育在校生达到 2350 万人,专科层次职业教育在校生达到 1480 万人,接受本科层次职业教育的学生达到一定规模"[②]。目前,由于高职高专院校发展速度快,大部分院校建校时间短,办学条件薄弱,办学质量还不能完全适应我国社会经济的发展。

对于高职高专院校图书馆来讲,大部分图书馆投入使用时间短,经费投入不足,馆藏资源建设、人才队伍素质、管理水平等亟待提高。2006 年 11 月,为了提升高等职业院校的办学水平,教育部启动了被称为"高职 211"的"百所示范性高等职业院校建设工程",使这部分院校的办馆条件和经费得到了极大的改善。此外,从 20 世纪 90 年代末各地开始进行大学城的建设,出现了位于大学城的高职高专院校,这些院校的图书馆办馆条件相对较好。但总体来说,高职高专院校图书馆普遍存在办馆经费不足、人员编制少、专业人员缺乏、业务能力相对较弱的状况。

高职高专院校图书馆的服务对象主要是本校的教师和学生。近几年来,随着高校的全面扩招,高等教育的学生综合素质也在明显下降,尤其是高职高专院校的学生,普遍入学成绩较低,文化基础差,学习的主动性、自觉性不足,学生阅读兴趣不高,对图书馆的利用率较低。此外,多数高职院校基础薄弱,科研经费少,加之教师实践和教学

---

① 中国教育部．高等教育学校(机构)数[EB/OL].[2014 - 08 - 13].http://www.moe.gov.cn/publicfiles/business/htmlfiles/moe/s7567/201309/156873.html.

② 国务院．关于加快发展现代职业教育的决定(国发〔2014〕19 号)[EB/OL].[2014 - 08 - 13].http://www.moe.gov.cn/publicfiles/business/htmlfiles/moe/moe_1778/201406/170691.html.

任务繁重,对科研工作积极性不高,学校科研工作开展困难,图书馆支持科研工作的参考咨询实践较少,缺乏经验。

我国的高职教育是以职业为基础,以高端技能型(应用性)人才为培养目标的高等技术教育。教育模式采用的是校企合作、工学结合,强化教学、学习、实训相融合的教育教学方式,实习实训在教学中所占比重较大,注重的是培养学生的"文化素质+职业技能"。高职高专院校图书馆应在现有的办馆条件下,针对高职高专学生的特点、学校的培养目标和本校开设专业,重点为专业教学、学生文化素质和职业技能的提高提供帮助和服务。因此,在现阶段,我国高职高专图书馆的核心业务首先是馆藏资源建设,要重点进行相关专业、技能培训、适合高职高专学生特点的文化素质教育的各种类型和载体的文献资源建设;其次是大力开展阅读推广活动,提高图书馆利用率;最后还要为学生提供有关就业、升学、心理等方面的参考咨询活动。通过加强这三方面的工作,使图书馆真正发挥助力学生文化素质和职业技能提高的重要作用,提升图书馆在整个高职高专教育中的地位。

3.2.3 专业图书馆的核心业务

国际标准化组织规定:那些由协会、政府部门、议会、研究机构(大学研究所除外)、学术性学会、专业协会、博物馆、商业公司、工业企业、商会等组织集体举办的图书馆,称为专业图书馆。专业图书馆隶属于某一机构,受母体机构的经费支持,文献资源建设的专业范围也限于和母体机构或所在行业、系统相关的某一个或某几个专业领域,主要为母体机构及所在行业或系统提供文献信息服务,其馆员往往具备与母体组织业务内容相同或相近的专业知识。专业图书馆的设置,主要是为配合母体机构组织的业务活动而提供文献信息服务的服务性学术机构[1]。专业图书馆服务对象相对固定,服务范围有限,服务任务明确,有具有专业知识的馆员,与公共图书馆和高校图书馆相比,专业图书馆的读者对象是专业的群体,因而馆藏是专业化的,图书馆为读者提供的服务也是专门化的;专业图书馆应该更为快速、有效、经济地为其母体机构或所在行业和系统提供文献信息服务,真正发挥其在母体机构科研活动和其他业务活动中的不可替代的作用,才能得到母体机构的认可而不断发展壮大,否则就会面临生存危机。也就是说,专业图书馆的工作重心应是满足用户的需求,提供以用户为中心的信息服务模式,而不是馆藏资源建设。这是专业图书馆与生俱来的特性——一切工作的中心皆为用户。因此,专业图书馆的服务核心就是利用专业化的文献信息资源、为特定的专业群体和机构提供文献情报服务,并能够随着科学研究、专业发展和行业需要开发新的服务内容和模式。

在我国,专业图书馆主要是指科学院系统的图书馆和政府部门所属的研究院(所)和大型厂矿企业的技术图书馆[2]。其主要任务是:立足本系统本机构,面向相关领域、特定专业和行业,提供基于学科领域和专业领域的专业文献资源保障,为科研和生产提供文献信息服务、学科化信息服务和情报研究服务,为科研政策的制定和规划提供决策情报研究服务,并开展专业领域的学术研究与人才培养。因此,专业图书馆的服务核心就是利用专业化的文献信息资源、为特定的专业群体和机构提供文献情报服务,并能够随着科学研究、专业发展和行业需要开发新的服务内容和模式。

最近几年,我国专业图书馆事业发展迅速,在文献保障和服务能力以及服务模式创新方面取得了很大进展。在资源建设上形成了以数字资源为主、具有专业特色的文献资源保障体系;服务模式完成了

---

① 彭俊玲．专门图书馆研究[M]．北京:中国书籍出版社,2006:6－10.

② 黄方正,王可权．图书馆管理词典[M]．北京:知识出版社,1994.

从传统图书馆向数字图书馆的转变，并逐步向知识服务中心转型，开始探索将文献信息服务嵌入到科学研究、科技创新和科学决策的工作流中，为我国的科技创新和重大科技决策提供了有力的文献信息支撑和情报研究支撑；各系统专业图书馆之间的协同服务机制也已经建立，优化了资源配置，提高了服务效率。此外，我国专业图书馆界还在积极探索知识服务工具、新方法和平台的建设，继续深化和落实知识服务，围绕科学决策与咨询，围绕宏观决策需求开展了各具特色的专题情报研究与决策咨询服务，在面向专业化情报服务需求方面积累了丰富的经验。

在数字化、网络化环境下，科研环境和用户的信息需求都在发生着变化，专业图书馆的核心业务应落脚于继续深化和开发新的知识服务工具、方法、平台，将文献信息服务嵌入到用户的科研活动中，使之成为用户科研工作的有机组成部分。而馆藏资源建设应作为其近核心业务，将信息资源收藏和信息资源开发并举，为以用户为中心的知识服务提供物质基础。之所以这样，是因为对专业图书馆而言，馆藏资源也是以用户为中心进行建设的，以用户为中心是专业图书馆存在的必要条件。

综上所述，基于我国图书馆事业发展现状和当前技术、社会文化环境、用户信息需求变化等因素，对我国各级公共图书馆、不同层次院校的图书馆以及专业图书馆的核心业务进行了分析和概括，为下一步外包范围的确定奠定理论基础。表 6 为对上述各类图书馆核心业务分析的结果汇总。需要强调的是，本文对核心业务的分析，是基于我国各级各类图书馆整体发展状况而做出的判断，具体到单个的图书馆，因所在地区经济、文化、馆情等实际情况不尽相同，对核心业务的判断还要进行具体情况具体分析。

表6　各类图书馆核心业务

<table>
<tr><th colspan="2">图书馆类型</th><th>核心业务</th><th>近核心业务</th></tr>
<tr><td rowspan="3">公共图书馆</td><td>省级公共图书馆</td><td>馆藏资源建设与开发,尤其是具有地方特色和适应当地民众文化和信息需求的馆藏资源建设,以高端、深层次的参考咨询服务带动普通读者服务,建设区域文献信息资源共享体系,推动、辅导基层图书馆建设</td><td>广泛开展阅读推广活动,引导全省民众利用图书馆,营造以图书馆为中心的良好的文化氛围;重视人才队伍建设</td></tr>
<tr><td>地市级公共图书馆</td><td>为普通读者开展服务、广泛开展阅读推广活动、加强馆藏建设和人才队伍建设,辅助基层图书馆业务</td><td>在经费和人员专业素质许可的条件下,可以开展高端的信息参考咨询服务,以进一步带动普通读者服务的工作。重视人才队伍建设</td></tr>
<tr><td>县级公共图书馆</td><td>加强馆藏资源建设,为辖区内居民提供丰富多彩的文化服务;辅助中小学教育,为学校提供教学和学习资源;服务农村,丰富农民文化生活,提供农业技术信息和市场信息</td><td>持续进行人才队伍建设</td></tr>
<tr><td rowspan="3">高校图书馆</td><td>“985”“211工程”院校图书馆</td><td>馆藏资源建设、参考咨询、创新服务模式和服务内容</td><td>本科生的信息服务、阅读推广</td></tr>
<tr><td>普通高校图书馆</td><td>馆藏资源建设、参考咨询、阅读推广</td><td></td></tr>
<tr><td>高职高专院校图书馆</td><td>馆藏资源建设、阅读推广、学生就业、培训咨询与辅导</td><td></td></tr>
</table>

续表

图书馆类型	核心业务	近核心业务
专业图书馆	深化知识服务,将服务嵌入用户的科研活动中,成为用户科研工作的有机组成部分	馆藏资源建设:信息资源收藏和信息资源开发并重

3.3 图书馆业务外包目标和范围的确定

3.3.1 图书馆业务外包目标的确定

由前述可知,图书馆一旦决定实施外包,外包对于图书馆的整个运营,尤其是对其战略目标的实现会产生极大的影响。实施业务外包,是为图书馆整体运营目标和战略规划的实现服务的,因此,在进行外包决策时,应在图书馆整体的运营目标和战略规划的框架中,确定外包要达到的目标。事实上,通过对图书馆内外部环境的评估和核心业务范围的确定,图书馆已经能够发现自身具有的优势和弱势所在,通过外包要达到什么目标已经非常明确,因为整个决策过程就是在图书馆整体战略规划的框架中进行的。在这里,将图书馆业务外包的战略目标分为以下几种:①获取成本优势,即外包的主要目的是节约运营成本;②获取质量优势,即图书馆外包的目的是获得外部更专业和高效的服务,以弥补自身在某些方面的不足;③提高核心竞争力和创新服务能力,进而整体提升服务质量,即通过将辅助性业务外包,集中精力进行核心业务的建设和创新;④组织重构和管理模式变革,即通过外包打破原有管理格局,建立或引入新的管理方式,为整个图书馆管理活动注入活力。明确的外包目标在评价和选择外包商时能够更有针对性,选出适合本馆外包业务特点的外包商。

3.3.2 图书馆业务外包范围的界定

准确地界定业务外包的范围,可充分发挥外包优势,最大限度地降低外包带来的风险。由于外包业务范围界定不准确,一旦实施外包,会给图书馆带来竞争力下降的风险,这不仅仅是单个图书馆的风险,而是涉及图书馆整个行业的风险。事实上,在图书馆外包业务范围的确定中,已经不可避免地出现了"趋同"现象,即"别人外包什么,我们就外包什么",一些图书馆失去了自我判断的自信,脱离本馆实际,完全参照其他大多数图书馆实施外包的情况确定外包业务范围,久而久之,势必对整个图书馆行业的竞争力产生影响。因此,外包业务范围确定中的"趋同"现象,需要引起整个图书馆行业的重视。依据本馆实际情况,详细评估,正确识别核心业务,才能较为准确地界定外包业务范围。

图书馆的核心业务和外包目标一旦确定,就可以依据前面对图书馆内部和外部环境的评估进行外包范围的界定。一般而言,在内部和外部环境评估中预先划定的拟进行外包的业务中,非核心业务可以实施外包,近核心业务应慎重选择外包,核心业务则采用自制。但这里有一个问题,在前面对各类图书馆的核心业务进行的分析中,给出的核心业务分析结果事实上还只是个范围,在这个范围中,有些业务实际上还是可以实施外包的,关键在于在这个范围内,那些对核心业务的质量或最终效果是起决定作用的工作只能采用自制,而那些辅助性的工作,则可以考虑通过外包来提高整个核心业务的工作效率和工作质量。也就是说,核心业务中的辅助性工作是可以选择外包的。例如,馆藏资源建设包括传统馆藏的纸质文献、购入商业数据库、自建数据库、网络资源、利用文献传递和馆际互借的馆际共享资源,其中购入的商业数据库实际上已经将其管理外包给了数据库商,而决定购买什么样的数据库,购买数据库中的哪些资源,不论在什么情况下,都只能由图书馆来决定;再如纸质资源的建设中,采访外包已经非常普遍了,而决定纸质资源建设质量、内容结构的验收和选书工作,图书馆应该加强这方面的人力支持,而不能“一包了事”;对于自建数据库,软件和系统平台部分可以实施外包,但数据库内容建设在有条件的情况下最好采用自制,即使在条件不具备的情况下,也应在内容的规划、审核方面采用自制来完成,以保证数据库建设质量和效果。因此,把图书馆的所有业务分为辅助性业务、近核心业务、核心业务三类,而核心业务中的所有工作又可分为核心业务的辅助性工作和核心工作,核心工作是不能实施外包的,只能通过自制来完成;辅助性工作则可以选择外包。其次,近核心业务要慎重外包,这一类业务如果由于外包而带来不利因素,有可能会影响到核心业务。因此,我们把近核心业务工作也分为近核心业务的辅助性工作和重要工作,在进行外包决策时,可优先考虑将这些辅助性工作外包。如图 2 所示。

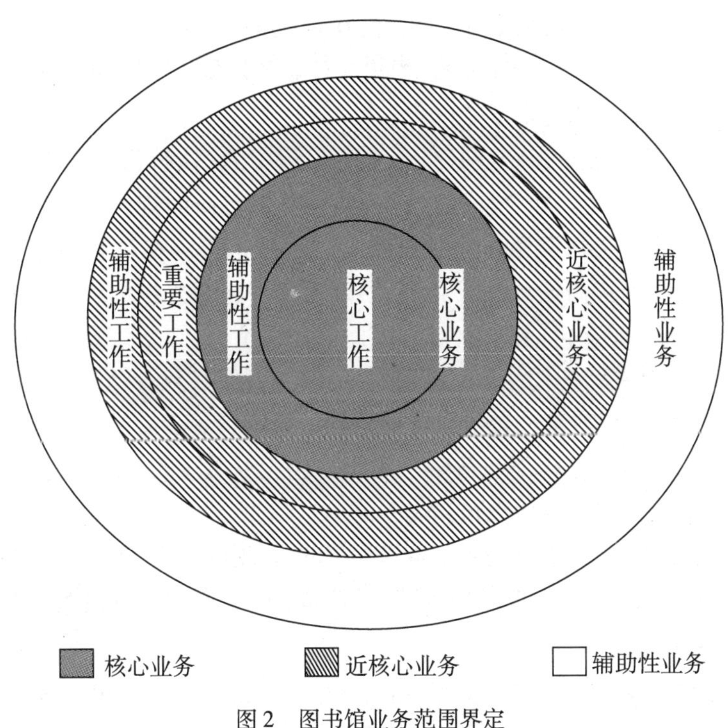

图 2　图书馆业务范围界定

在图2中，中心核心工作区的工作不能实施外包，应完全采用自制来完成；近核心业务的重要工作区应慎重选择外包，其他辅助性工作可选择外包。越是靠近中心核心工作区的工作重要性程度越高；而越是远离中心核心工作区的工作，其重要性程度相对越低，应该优先选择对这些工作进行外包。在外包决策中，重要性程度相对较低的工作，并非就可以不去重视，放之任之，而是可以通过合理地选择外包，提高其工作效率和质量，从而助力于核心业务的发展。

3.3.3 图书馆业务外包策略选择

事实上，在确定业务外包范围的同时也涉及外包策略的问题。按照美国质量管理专家戴明（Edwards Deming）的PDCA循环理论，任何业务都可以分为计划（Plan）、执行（Do）、检查（Check）和改进（Act）4个流程，由此，范体军等（2006）提出三种业务外包的策略，即购进型外包、选择型外包和完全型外包①。

购进型外包是指企业只外包业务流程中的"执行（Do）"活动，其余活动采用自制。即企业通过购买或租赁外包商的资源以满足自身资源的短缺，这些资源可能是设备、人员、技术等。在这种外包策略下，企业和外包商通过签订合同，明确规定外包商提供的产品或服务以及企业需要支付的费用，双方彼此信任程度低，缺乏信息共享和沟通，业务完成后，费用结算完毕外包关系即为结束，双方是一种简单的交易关系，外包质量完全依靠合同条款的规定。对于需要长期实施外包的业务来讲，这种外包策略不利于外包业务质量的持续改进，还会增加选择和更换外包商的成本。

选择型外包是指企业将业务流程中的"计划（Plan）"和"执行（Do）"实施外包，而保留"检查（Check）"和"改进（Act）"活动。在这种外包策

① 范体家，李宏余，常香云．业务外包策略与外包关系研究[J]．中国管理科学，2006，14（第八届中国管理科学学术年会论文集）.

略下，由于外包业务的计划和组织由外包商决定，因此企业必须与外包商形成紧密的合作关系，进行充分、有效的信息沟通和共享，在“双赢”的基础上才能达到外包的目标。这种外包策略更适合于需要长期进行外包的业务，双方如形成了长期稳定的伙伴合作关系，有助于持续提高业务外包质量，减少选择和更换外包商而带来的成本增加。

完全型外包是指企业将业务的所有流程全部外包，只保留“检查(Check)”活动中对外包商的服务水平的评价。在这种外包策略下，外包商承担了业务的所有流程，为避免由于信息不对称而造成的外包风险，企业希望同外包商发展成为长期、稳定的伙伴合作关系，外包商出于长期利益的考虑，也愿意通过质量改善等方式增强彼此的合作。如果这种关系发展顺利，外包双方极有可能从中获得更多的利益。

采用何种外包策略需要根据外包的业务类型、业务范围、业务规模、图书馆的整体战略规划来确定，同时还和外包市场对于某项服务或产品的提供方式有关。外包范围确定的是哪些业务需要进行外包，而外包策略解决的是采用何种方式外包。如数据库的购买即是一种简单的业务外包，对于购买什么样的数据库，购买数据库中的哪些资源由图书馆来决定，之后由数据库商来执行开通或安装，图书馆付款，数据商负责保证合同期内数据库的正常使用、管理和维护，可以说只能采用交易型外包策略，这是由这类业务市场的发展决定的。但由于数据库购买涉及每年的续订，事实上图书馆和数据库商之间还是可以建立长期、稳定的合作关系的，一方面数据库商可以为图书馆持续提供增值服务来赢得续订合同，图书馆也可以加强与数据库商的深入合作，充分利用其资源为读者提供更多的服务。随着合作的深入，双方信任度的加强，必然会进行更多的业务合作，此时交易型外包亦可转为选择型或完全型外包。一般来说，在和外包商没有充分达成深度信任之前，应当采取选择型外包策略和由外包市场决定的交易型外包策略，在外包实施过程中再根据需要和双方合作关系的发展而转为完全型外包或选择型外包。

图书馆实施业务外包,牵一发而动全身,因此,要慎重再慎重。没有绝对准确和万能的决策理论和方法,任何的理论和方法也要结合自身的实际情况去分析和判断,而不能生搬硬套。在外包业务范围和外包策略的确定过程中,前期对图书馆内部和外部环境的评估是重中之重,只有充分地了解自身的实际情况和外部环境因素的影响,才能把握核心业务,区分不同工作的重要性程度,为外包业务范围和外包决策的确定提供充分的依据。

3.4 评价和选择外包商

外包商的选择是图书馆业务外包成败的关键。由于外包商的产品或服务能力参差不齐,能否正确评价供应商的综合实力,进而选择合适的外包商是业务外包实施中的一个关键环节。然而由于人具有的有限理性,图书馆不可能对所有供应商的全部情况完全了解,因而对外包商的选择具有很大的风险性。尽管如此,通过对外包商周密的调查和使用科学的评价方法,结合前期对图书馆业务外包目标和范围的确定,还是可以较好地规避这一风险的。

近几年,随着业务外包在图书馆的广泛应用,图书馆业务外包市场发展迅速,外包商数量也越来越多,对外包商的评价和选择过程也变得越来越复杂。尤其在新的经济和技术环境下,图书馆与外包商之间的合作已不再是外包应用初期短暂或临时的买方和卖方的关系,多数情况下是一种新型的、长期合作和互利双赢的战略伙伴关系,因而对外包商的评价和选择过程要求更为全面、系统和科学,才能最终选定合适和优质的外包商;在对外包商做出最终选择之前,必须运用科学的评估方法或手段,对潜在的各个外包商进行对比分析,才能有效规避外包商选择失误带来的风险。

对外包商的评价和选择首先要成立评价小组,由相关业务的馆内人员和专家组成。评价和选择过程主要由评价小组成员进行，可分为以下几个步骤：一是制定外包商评价指标体系，二是运用评价方法确定评价指标权重；三是评价和选择外包商。

3.4.1 外包商评价指标构建

1. 构建外包商评价指标体系的原则

如上所述，外包商不仅仅是图书馆的产品或服务的提供者，更是能够和图书馆互利合作、共同解决问题和协调发展的长期合作伙伴。因此，对外包商的评价应该是从战略的高度进行的全面、系统的评价；评价指标的选择不仅能够全面反映外包商的综合实力，还要具有可操作性，要采取定性和定量相结合的评价方法，尽量避免主观臆断。总的来说，在构建外包商评价指标体系时要遵循以下原则：

(1)全面性原则。外包商评价指标体系应能够全面反映外包商目前的综合实力水平，例如不仅要反映图书馆最关心的外包商的资质、提供产品或服务的质量、价格、售后服务、供货期、同类产品或服务的销售业绩或经验等硬性指标，还要能反映出外包商的管理能力、企业文化建设、可持续发展等软性指标。

(2)科学性原则。每一个评价指标都是对外包商某个或某些属性和能力的概括，因此，各个指标都需要有一个明晰的内涵，才能准确描述和科学反映外包商的实际情况。如果指标定义模糊不清，必然影响对其进行赋值，尤其影响定性指标的赋值，进而影响评价结果的真实性。各个指标的设立要经过周密的调查和评价小组专家的反复论证，使其符合行业实际情况，并有充足的设立依据。指标层次和分类要科学合理，避免相互矛盾或交叉，以免影响后续的分项考察。

(3)简明和可操作性原则。要保证评价指标体系适中实用，在保证全面性的前提下尽量简明，使其具有可操作性。如果评价指标体系过于庞大，层次太多，指标分类太细，容易造成可操作性差、关注局部太多而影响对外包商的整体评价；如果评价指标体系太过简单，指标太少,则又太过笼统,不能反映外包商的真实情况。

(4)目的性原则。图书馆要根据实施业务外包的目标,制定评价体系。如外包的主要目标是节约成本,则反映外包商产品或服务价格以及影响价格各种因素的指标要尽量全面。也就是说,要根据外包的目标突出评价重点,使指标的确定更具有针对性,从而找出适合图书馆的外包商。

(5)灵活性原则。评价指标还应具有一定的灵活性,要筛选出具有代表性和高度概括性的通用指标,使其能够适用于不同的外包业务,同时还要具有可扩充性,能够根据不同的外包业务、评价外包商的侧重点对评价指标进行增加或删改。

(6)定性与定量相结合的原则。定量指标是可以量化的、客观衡量的指标;定性指标不如定量指标客观,容易受评价人的知识、经验、判断能力和对评价标准把握等的影响。因此,在选取评价指标时应将定量和定性指标相互结合,取长补短。

2. 指标选取和分析

根据以上指标的选取原则,结合图书馆业务外包的特点,列出图书馆外包商评价的通用性指标,即一级指标,下一层级指标可根据不同的外包业务对外包商的具体要求进行添加。

(1)资质。资质是外包商是否拥有合法经营权的凭证,反映外包商是否具有政府行政部门批准的行业服务资格是行业主管部门对于本领域内企业的一种能力认证。外包商的资质材料还应能够反映其基本财务状况、经营业绩、纳税情况、缴纳社会保障资金情况、同类项目的业绩证明,美誉度或用户评价等。需考察外包商的证件及资料包括法人营业执照、税务登记证、资信证明或财务审计报告、缴纳社会保障金证明、完税证明、业绩证明等。提供不同产品或服务的企业,其资质材料除上述之外,还应包括与其主体业务相关的许可证或其他证件,如软件企业的软件企业证书、著作权证书等,书商的出版物经营许可证、电子出版物经营许可证等,物业公司的物业等级证书等。此外,如果是和馆藏资源建设相关的业务外包,图书馆还要特别注意对知识产权相关证件的审核。资质的审查保证了筛选外包商的合法性,一个资质完整的外包商,保障了其所经营业务的合法性,同时也从一定程度上反映了外包商的综合实力。在考察外包商资质时,评价人员要充分了解外包市场的发展现状和国家的相关法律法规,才能做到对资质考察的完备而无遗漏。

(2)价格。无论外包的目标是否是节约成本,价格的考察都是非常重要的。外包商应能提供具有竞争力的价格,这个价格是外包商按图书馆要求的时间、数量、质量和服务来确定的,不仅包括首次成交的价格,还需要提供后续再度合作或长期合作的价格,是否有涨价的情况等。图书馆应在深入调查多家外包商的报价方案后结合图书馆的实际情况制定报价的项目,以便于对不同外包商的价格进行比较。需要强调的是,并不是价格最低就是最好的,图书馆应避免由于低价造成的产品或服务的质量下降。

(3)产品质量。这里的产品泛指外包商提供的产品和服务。考察外包商是否能按照图书馆的要求提供产品或服务,或者外包商已有产品与图书馆需求的契合度,是否提供增值服务,产品或服务涉及的技术是否先进,是否具有良好的质量保证体系或措施,是否能够保证在后续的安装、使用全过程的质量要求。对于产品或服务的质量评价,其下一层级指标取决于图书馆实施外包的业务类型,不同的业务要求也不同。例如采编外包中,对服务的要求就会涉及图书的加工合格率、编目数据的提供、订单的调整和核对情况、订到率、出错率等。

(4)售后服务。良好的售后服务是建立和维护双方长期合作伙伴关系的关键,外包商是否有专门的售后服务机构和针对某一项目的专职售后服务人员,提供的售后服务方案和应急措施是否周密,也从一个侧面反映出外包商在某项业务方面的经验和实力。

(5)外包商的管理能力。这个指标看似和图书馆没有关系,但会直接影响外包商对承接的外包项目的管理。如果外包商内部的管理能力欠缺,则对承接的外包项目的管理也容易出现问题,进而影响外包质量和效率。考察外包商的管理能力，并不需要直接涉入外包公司的内部管理，但要了解与项目直接相关的管理制度，这样可以预先判断项目实施过程中可能得到的外包公司的政策支持力度。对外包商的管理能力的考查可以从外包商的管理理念、企业文化建设、外包项目的管理方案或制度、绩效考核制度等进行判断。

确定了一级评价指标后，就可以在每一个指标下面根据业务的不同，外包目的的不同，添加和设立下一级评价指标。前面讲过，在能够全面反映外包商实际情况的前提下，评价指标应尽量精简，层级越少越好，以便于实际应用和操作。为便于论述评价指标权重的计算，表7列出了外包商评价的一级指标和部分二级评价指标。

表7　外包商评价指标

一级评价指标	二级评价指标
资质 A1	基本资质 B1
	经营状况 B2
	用户评价 B3
质量 A2	与用户需求的契合度 B4
	技术先进性 B5
	质量保证体系 B6
价格 A3	折扣率 B7
	支付方式 B8
	增值服务 B9
售后服务 A4	售后服务方案 B10
	应急措施 B11
	专职售后人员 B12
管理能力 A5	企业文化 B13
	管理制度和人员素质 B14
	项目管理方案 B15

3.4.2 评价指标权重的确定

由上述分析可以看出，图书馆外包商评价指标中既有定性指标，又有定量指标，主要指标还可以细分为下一层级的更为详细的指标。对作为合作伙伴的外包商的选择实际上是一个多目标组合优化问题。因此，我们通过决策论中的层次分析法来计算各级指标权重，进而对外包商进行最终的选择和确定。

层次分析法(Analytic Hierarchy Process，简称 AHP)是美国运筹学家、匹茨堡大学教授 Thomas Saaty 于 20 世纪 70 年代初提出的一种定性与定量分析相结合的多准则、层次权重决策分析方法，被认为是简单有效的多目标决策方法，广泛应用于政治、经济、军事、科技、教育等各个领域。AHP 的本质是一种决策思维方式，它把复杂的问题分解为各个组成因素，将这些因素按支配关系分组形成有序的递阶层次结构，通过两两比较的方式确定层次中诸因素的相对重要性，然后综合人的判断以决定决策诸因素相对重要性总的顺序①。运用 AHP 解决问题，可以按如下几个步骤进行：

(1)确定需要解决的问题，弄清规划决策所涉及的范围、所要采取的措施方案和政策、实现目标的准则、策略和各种约束条件等，建立一个多层次的递阶结构。

(2)构造两两比较判断矩阵。

(3)由判断矩阵计算比较元素的相对权重。

(4)计算各层元素对总目标的组合权重，进行层次总排序，以确定递阶结构图中最底层各个元素在总目标中的重要程度。

下面对评价指标权重的计算分步骤说明：

第一步，建立层次递阶结构。根据表 7 确定的外包商评价指标建

---

① 许树柏．实用决策方法：层次分析法原理[M]．天津：天津大学出版社，1988：2.

立如表 8 的层次递阶结构：

表 8　外包商评价层次结构

目标层	一级准则层	二级准则层
外包商评价A	资质 A1	基本资质 B1
		经营状况 B2
		用户评价 B3
	质量 A2	与用户需求的契合度 B4
		技术先进性 B5
		质量保证体系 B6
	价格 A3	折扣率 B7
		支付方式 B8
		增值服务 B9
	售后服务 A4	售后服务方案 B10
		应急措施 B11
		专职售后人员 B12
	管理能力 A5	企业文化 B13
		管理制度和人员素质 B14
		项目管理方案 B15

第二步，构建两两比较判断矩阵。根据以上层次结构，利用 Saaty 制定的 1—9 比率标度法（表 9）建立各个层次的判断矩阵。首先请专家人员对评价体系中同一层各指标两两间的重要性等级按 1—9 比率标度法打分，然后将专家的评分汇总后发送至各位专家，收集汇总专家的修改意见后再次发送至各位专家，如此重复直至专家不再有修改意见为止。将专家最后一轮的评分情况汇总，构建两两比较判断矩阵。

表 9 Saaty 制定的 1—9 比率标度

Saaty 标度	含义
1	两个因素相比,具有相同重要性
3	两个因素相比,前者比后者稍重要
5	两个因素相比,前者比后者明显重要
7	两个因素相比,前者比后者强烈重要
9	两个因素相比,前者比后者极端重要
2,4,6,8	上述相邻判断的中间值
相应上述数的倒数	若因素 i 与因素 j 的重要性之比为 a_{ij},那么因素 j 与因素 i 的重要性之比为 $a_{ji}=1/a_{ij}$

一级准则层对于目标层,两两比较判断矩阵如下(以下各表指标分值仅供参考):

A	A1	A2	A3	A4	A5
A1	1	2	3	3	3
A2	1/2	1	2	2	3
A3	1/3	1/2	1	1	3
A4	1/3	1/2	1	1	2
A5	1/3	1/3	1/3	1/2	1

二级准则层下,对于 A1,两两比较判断矩阵如下:

A1	B1	B2	B3
B1	1	2	2
B2	1/2	1	1/2
B3	1/2	2	1

对于 A2,两两比较判断矩阵如下:

A2	B4	B5	B6
B4	1	3	2
B5	1/3	1	1
B6	1/2	2	1

对于 A3,两两比较判断矩阵如下:

A3	B7	B8	B9
B7	1	3	3
B8	1/3	1	1/2
B9	1/3	2	1

对于 A4,两两比较判断矩阵如下:

A4	B10	B11	B12
B10	1	1	1
B11	1	1	2
B12	1	1/2	1

对于 A5,两两比较判断矩阵如下:

A5	B13	B14	B15
B13	1	1/2	1/2
B14	2	1	1/2
B15	2	2	1

第三步,由判断矩阵计算比较元素的相对权重,即层次单排序计算。形成判断矩阵后,可通过计算该矩阵的最大特征根及其对应的特征向量,计算出某一层元素相对于上一层某一元素的相对重要性权值。常用的计算方法有和法和根法,在这里我们采用根法进行计算,具体步骤如下:

①计算判断矩阵每一行元素的乘积 $M_i=\sum_{j=1}^{n}bij$, i = 1, 2, …n(其中 n 为该矩阵阶数)。

②计算 M_i 的 n 次方根 $\overline{Wi}=\sqrt[n]{Mi}$。

③计算矩阵的特征向量的元素值 $Wi=\frac{\overline{Wi}}{\sum_{i=1}^{n}\overline{Wi}}$,则向量 $W=[W_1, W_2, \cdots W_n]^T$ 即为所求的特征向量。

④计算矩阵的最大特征值 $\lambda_{max}=\sum_{j=1}^{n}\frac{(AW)_i}{nWi}$,其中 $(AW)_i$ 为向量 AW 的第 i 个元素。

⑤一致性检验。由于客观事物的复杂性和决策者认识的主观性,为确保思维的前后一致性,需要对由专家填写的判断矩阵利用一致性指标、平均随机一致性指标和一致性比率做一致性检验。若检验通过,特征向量归一化后即为权向量;若不通过,需重新构造两两比较判断矩阵。一致性检验的步骤:首先计算一致性指标 $CI=\frac{\lambda_{max}-n}{n-1}$。为了度量不同阶数判断矩阵是否具有满意的一致性,需引入判断矩阵的平均随机一致性指标 RI 值(表 10 为 1 到 15 阶重复计算 1000 次的平均随机一致性指标),再计算随机一致性比率 $CR=\frac{CI}{RI}$。当 $CR<0.10$ 时,认为层次分析排序结果有满意的一致性,即权重系数的分配是合理的;否则,就要调整判断矩阵的元素取值,重新分配权重系数的值,直到一致性检验通过为止。

表 10　1—15 阶判断矩阵的平均随机性指标 RI 值

N	1	2	3	4	5	6	7	8	9	10	11	12	13	14	15
RI	0	0	0.52	0.89	1.12	1.26	1.36	1.41	1.46	1.49	1.52	1.54	1.56	1.58	1.59

为减少计算工作量,我们将外包商评价一级准则层和二级准则层两两比较判断矩阵在 EXCEL 表格中列出并进行相关计算如图 3。

	A	B	C	D	E	F	G	H	I	J	K	L	M
1													
2			一级准则层对于目标层A的判断矩阵及单排序和一致性检验										
3	外包商评价A	资质A1	质量A2	价格A3	售后服务A4	管理能力A5	按行相乘	开n次方	权重Wi	AWi	Awi/Wi	$CI=\frac{\lambda_{max}-n}{n-1}$	CR=CI/RI
4	资质A1	1	2	3	3	3	54	2.220643	0.384512	1.983199	5.1577032		
5	质量A2	1/2	1	2	2	3	6	1.430969	0.2477772	1.253429	5.0586941		
6	价格A3	1/3	1/2	1	1	3	0.5	0.870551	0.1507388	0.775719	5.1461124		
7	售后服务A4	1/3	1/2	1	1	2	0.333333	0.802742	0.1389975	0.697745	5.0198361		
8	管理能力A5	1/3	1/3	1/3	1/2	1	0.018519	0.450320	0.0779745	0.408483	5.2386709	0.031050833	0.02772396
9								5.775224			5.1242033		
10													
11													
12			二级准则相对于资质A1的判断矩阵及单排序和一致性检验										
13	资质A1	基本资质B1	经营状况B2	用户评价B3	按行相乘	开n次方	权重Wi	AWi	Awi/Wi	$CI=\frac{\lambda_{max}-n}{n-1}$	CR=CI/RI		
14	基本资质B1	1	2	2	4	1.5874011	0.493386	1.506614	3.0536216				
15	经营状况B2	1/2	1	1/2	0.25	0.6299605	0.1958	0.597900	3.0536216				
16	用户评价B3	1/2	2	1	1	1	0.310814	0.949107	3.0536216	0.026811	0.0515592		
17						3.2173616			9.1608647				
18													
19													
20	质量A2	与用户需求的契合度B4	技术先进性B5	质量保证体系B6	按行相乘	开n次方	权重Wi	AWi	Awi/Wi	$CI=\frac{\lambda_{max}-n}{n-1}$	CR=CI/RI		
21	与用户需求的契合度B4	1	3	2	6	1.8171206	0.539615	1.623810	3.0092027				
22	技术先进性B5	1/3	1	1/2	0.16666667	0.5503212	0.163424	0.491776	3.0092027				
23	质量保证体系B6	1/2	2	1	1	1	0.296961	0.893617	3.0092027	0.004601	0.0088488		
24						3.3674418			9.0276081				

图 3

如图 3 所示,将判断矩阵在 EXCEL 表格中列出,可以充分利用 EXCEL的函数功能,简化计算,尤其是当遇到未能达到满意一致性结果的情况,调整矩阵中各元素的取值时,CR 的值也会随之自动计算得出,从而减少计算工作量。以一级准则层对于目标层 A 的判断矩阵为例,G4 编辑为“ = PRODUCT(B4 : F4)”,再通过鼠标下拉 G4 得到 G5 至 G8 的结果;H4 编辑为“ = POWER(G4 ,1/5)”,再通过鼠标下拉 H4 得到 H5 至 H8 的结果,H4 至 H8 求和得到 H9,即 H9“ = SUM(H4 : H8)”;I4 编辑为“ = H4/H$9”,通过鼠标下拉 I4 得到 I5 至 I8 的结果;编辑 J4“ = B4 * I$4 + C4 * I$5 + D4 * I$6 + E4 * I$7 + F4 * I$8”,通过鼠标下拉 J4 得到 J5 至 J8 的结果;编辑 K4“ = J4/I4”,通过鼠标下拉 K4 得到 K5 至 K8 的结果,K4 至 K8 求和得到 K9,即 λ_{max}的值;L8 编辑为“ = (K9 - 5) / (5 - 1)”,这里 n = 5,求得 CI 值。查表得 RI = 1.12,编辑 M8 为“ = L8/1.12”求得 CR 值为 0.0277,小于 0.1,得到满意的一致性。用同样的方法进行二级准则相对于 A1、A2、A3、A4、A5 的判断矩阵及单排序和一致性检验。求得各层次权值 W 如下:

一级准则层:

A	A1	A2	A3	A4	A5	W
A1	1	2	3	3	3	0. 384512
A2	1/2	1	2	2	3	0. 247777
A3	1/3	1/2	1	1	3	0. 150739
A4	1/3	1/2	1	1	2	0. 138998
A5	1/3	1/3	1/3	1/2	1	0. 077975

求得 $\lambda_{max}=5.124203$，$CR=0.027723$；

二级准则层，对于 A1 有：

A1	B1	B2	B3	W
B1	1	2	2	0. 493386
B2	1/2	1	1/2	0. 195800
B3	1/2	2	1	0. 310814

求得 $\lambda_{max}=9.160865$，$CR=0.051559$；

对于 A2 有：

A2	B4	B5	B6	W
B4	1	3	2	0. 539616
B5	1/3	1	1	0. 163424
B6	1/2	2	1	0. 296961

求得 $\lambda_{max}=9.027608$，$CR=0.008849$；

对于 A3 有：

A3	B7	B8	B9	W
B7	1	3	3	0. 593634
B8	1/3	1	1/2	0. 157056
B9	1/3	2	1	0. 249311

求得 $\lambda_{max}=9.160865$,CR = 0.051559;

对于 A4 有:

A4	B10	B11	B12	W
B10	1	1	1	0.32748
B11	1	1	2	0.412599
B12	1	1/2	1	0.259921

求得 $\lambda_{max}=9.160865$,CR = 0.051559;

对于 A5 有:

A5	B13	B14	B15	W
B13	1	1/2	1/2	0.1958
B14	2	1	1/2	0.310814
B15	2	2	1	0.493386

求得 $\lambda_{max}=9.160865$,CR = 0.051559。

根据以上计算结果,CR 均小于 0.1,以上矩阵具备满意的一致性。

第四步,进行层次总排序。利用上层层次单排序的结果,以上层元素的组合权重为权数,计算对应本层各元素的加权和,所得结果即为该层元素的组合权重,进行层次总排序。经计算得出外包商评价 A 各指标的组合权重如表 11:

表 11　外包商评价 A 各指标的组合权重

指标	组合权重
基本资质 B1	$W_{B1}=0.384512\times0.493386=0.189713$
经营状况 B2	$W_{B2}=0.384512\times0.195800=0.075287$
用户评价 B3	$W_{B3}=0.384512\times0.310814=0.119512$
与用户需求的契合度 B4	$W_{B4}=0.247777\times0.539616=0.133704$

续表

指标	组合权重
技术先进性 B5	$W_{B5}=0.247777\times0.163424=0.040493$
质量保证体系 B6	$W_{B6}=0.247777\times0.296961=0.073580$
折扣率 B7	$W_{B7}=0.150739\times0.593634=0.089484$
支付方式 B8	$W_{B8}=0.150739\times0.157056=0.023674$
增值服务 B9	$W_{B9}=0.150739\times0.249311=0.037581$
售后服务方案 B10	$W_{B10}=0.138998\times0.32748=0.045519$
应急措施 B11	$W_{B11}=0.138998\times0.412599=0.057350$
专职售后人员 B12	$W_{B12}=0.138998\times0.259921=0.036129$
企业文化 B13	$W_{B13}=0.077975\times0.195800=0.015268$
管理制度和人员素质 B14	$W_{B14}=0.077975\times0.310814=0.024236$
项目管理方案 B15	$W_{B15}=0.077975\times0.493386=0.038472$

3.4.3 评价和选择外包商

评价指标及其权重确定以后,还需要撰写项目需求说明书,以便在选择外包商时向外包商发出。项目需求说明书要详细阐明拟外包的业务范围、特点,对人员、设备、场地等的要求,预期要达到的目标等;如果是直接面向读者的外包业务,还要说明所服务读者的特点和特殊需求;对于软件开发外包,要按照软件需求说明书来进行编制。需求说明书编制要综合考虑外包的目标、读者、预期效果、相关技术的成熟度、涉及的政策、法规等诸多因素,力求表达详细、清晰、明确,避免因某些条款产生歧义而影响后续的商务谈判、招标、合同签订甚至外包的实施效果。

上述的准备工作就绪以后,就可以着手进行外包商的评价和选择了。可以通过以下两种方式进行:

(1)调查的方式。即图书馆通过对外包市场和外包商的调查,使用前期确定好的评价指标体系对外包商进行评价终选确定。

随着业务外包在图书馆的应用越来越广,图书馆外包服务市场也在迅速发展,外包商数量众多,规模、实力等不同,在利用调查方法进行外包商的评价和选择时,图书馆不可能对所有的外包商进行考察和评价,评价小组应根据外包业务范围、外包目标对外包商进行初步甄选,以节省人力和时间,然后集中精力对选出的外包商进行考察和评价,最后选定合作外包商。图 4 为外包商初步甄选流程。

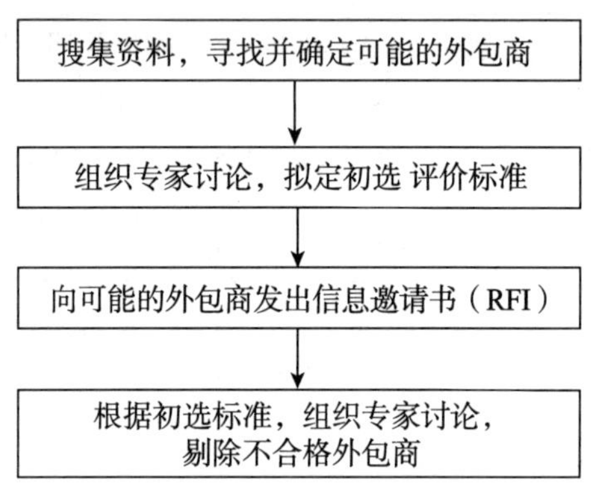

图 4　外包商的初步甄选流程

寻找潜在的外包商的途径很多,可以通过相关网站、会议信息、其他已实施外包的图书馆、外包商的销售人员等,把符合外包业务和外包目标的外包商名单确定下来并发出信息邀请书,然后组织专家讨论确定初选评价标准。初选评价标准不需要太多指标,可以从评价指标中抽取若干重要指标作为初步筛选标准,再由专家讨论确定初步合格的外包商作为备选方案。

对外包商初步甄选之后,通过谈判或向外包商发送包含有项目需求说明的建议邀请书(RFP)获得外包商关于外包业务的解决方案和其他资料。为防止外包商为获得外包资格而在方案中对自己的实力、产品或服务的描述夸大,图书馆还可以进行实地考察,与外包商进行充分的沟通和交流,获得第一手的资料;此外,还可通过对已实施业务外包的图书馆的考察,获得外包商的用户评价方面的信息。将获得的所有初选外包商的资料进行汇总,制定评分标准,再由专家对初选外包商的各个评价指标进行打分,然后乘以各指标权重值计算出总分后进行排序,总分较高的外包商可优先确定为终选外包商。为进一步规避外包管理和质量风险,同一项业务,应尽量选择一家以上的外包商来进行合作。

(2)招标方式。招标是买方根据货物购买、工程发包以及服务采购的需要,提出条件或要求,以某种方式向不特定或一定数量的投标人发出投标邀请,并依据规定的程序和标准选定中标人的行为。招标分为公开招标和邀请招标。公开招标是指招标人以招标公告的方式邀请不特定的法人或者其他组织投标;邀请招标是指招标人以投标邀请书的方式邀请特定的法人或者其他组织投标。在此基础上,考虑实际采购情况,经常使用的招标方式还有两阶段招标和议标的方式。两阶段招标是公开招标和邀请招标相结合的一种招标方式。它是在采购物品技术标准很难确定、公开招标方法无法采用的情况下,为了确定技术标准而设计的,适用于大型的复杂项目。采用这种方法时,招标分两段进行,先用公开招标,要求外包商提交不含价格标的技术标,目的是征求各外包商对拟采购项目在技术、质量或其他方面的建议。第二阶段再用邀请招标,根据第一阶段征求的建议修改招标文件,要求外包商按修改后的招标文件提交最终的技术标和价格标。议标则是指招标人只邀请少数几家外包商,分别就外包范围内的有关事宜进行协商,直到与某一外包商达成协议,将外包业务委托其去完成。招标采购具有程序规范、透明度高、公平竞争、一次成交等特点,目前已被很多图书馆采用。实践中,可根据招标费用、时间等因素,选择不同的招标方式。

对于买方来说,招标采购分为招标准备阶段、开标评标阶段、决标签约阶段。如买方具有编制招标文件和组织评标能力,这几个阶段的工作可以自行办理,否则也可以委托招标代理机构办理。招标准备阶段的主要任务是填写招标申请书报有关部门批准，获准后，编制招标文件和标底，发布招标公告，审定投标单位，发放招标文件。招标文件主要内容应包括项目概况及需求说明、招标方式、合同条款、投标资格要求、投标文件要求、投标费用、项目质量和进度的明确要求，招标文件的修改与解释等。招标文件要在商务部分和技术部分充分体现外包商的评价指标，以便投标人在制作投标书时能够按要求提供详细资料，评标委员会在下一步的评标中能够按照评价指标做出评价。招标文件的编制会直接影响招标结果，因此，需要图书馆相关部门和专家的参与。

开标评标阶段的主要任务是接受投标书，进行资格审查和评标。目前常用的评标方法有综合评估法、合理最低价评估法、综合评分法等。综合评估法是评委按招标文件中确定的评标原则，在充分阅读标书，认真分析标书优劣的基础上，经充分讨论后确定中标单位的评标方法。这种评标方法的优点是能够听取各方意见，但主观性和人为因素的影响较大，易出现意见分歧较大难以统一的情况。合理最低价评估法可能会导致外包市场的无序竞争，导致外包商利润太低而造成外包质量下降。综合评分法是指评标委员会按预先确定的评分标准对各评价指标进行评分，加权相加，求得总分后进行排序。由于综合评分法各指标权重是前期经过充分调研、讨论并用层次分析法计算获得，因此能够较好地避免评标过程的主观随意性，具有一定的科学性。目前，综合评分法在图书馆招标中使用较多，但需要强调的是，评价指标体系和权重的制定是保证这一方法使用效果的重要因素。

决标签约阶段由评标委员会提出评标意见，确定中标单位并向中标单位发出《中标通知书》；中标单位在接到通知书后，在规定的期限内与招标单位签订合同。

外包商确定以后，双方即可进行商务洽谈，对合同的主要条款进行细化和协商，达成共识后起草合同，双方对合同条款审查无误后，双方代表签字，外包合同生效。合同制定要尽可能全面，要详细指明外包商必须提供的最低服务水平、服务标准等,以免在合同履行过程中出现问题而被动。此外,在合同签订时,最好能够约定解除合同的相应条款,即外包商在达不到业务实施条件时,图书馆可单方面迅速解除合同,由外包商支付一定的赔偿金额。这就要求图书馆在外包计划之外,还要制定一份备选计划,以备在合同期满或中途退出合同关系时,将外包业务收回并更换外包商。这一点非常重要,任何决策方法都不能保证决策一定是万无一失的,何况在外包的实施过程中还有很多不确定因素。外包强调的是合作,基础是信用,正因如此,合同更应周密和详细,使双方在外包项目实施前做好充足的准备,为外包的成功实施和合同的续签打下基础。

4 图书馆业务外包过程管理

经过前期详细而周密的考察、调研等工作，确定了外包商并与之签订外包合同之后，就意味着业务外包过程的真正开始。此时业务外包才真正进入实质性阶段，需要认真对待外包过程的管理，遵循一定的原则、按照正确的方式对外包过程加强管理和控制，保证外包的质量和效率。缺乏对外包过程的管理，会造成很多情况下彼此对对方的行为无法预见，对外包中可能出现的情况缺乏准备和应对措施，无法协同一致完成外包项目，很多学者强调外包失败的主要原因是对外包商的失控①②。对外包商失控意味着对整个外包过程的管理失去控制，外包的风险概率增加，外包商的投机行为也就不可避免，外包的质量和效率就可想而知了。因此，对业务外包实施过程的管理是决定外包成败的关键因素之一。

4.1 图书馆业务外包过程管理的原则

图书馆业务外包过程的管理和控制主要是在整个合同期内对外包业务的进度和质量的监管，对双方有可能出现的争端的处理，与外

---

① Christine Harland, et al. Outsourcing: Assessing the Risks and Benefits for Organisations, Sectors and Nations[J]. *International Journal of Operations & Production Management*, 2005, 25(9).

② Tibor Kremic, Oya Icmeli Tukel, Walter O. Rom. Outsourcing Decision Support: A Survey of Benefits, Risks, and Decision Factors[J]. *Supply Chain Management: An International Journal*, 2006, 11(6).

包商的关系管理等,整个管理过程的最终目的是达到预期的外包目标,提高图书馆服务水平,并与外包商达到稳定和持续的合作伙伴关系,而不是单纯为了挑毛病,找问题,处罚外包商。

4.1.1 读者满意为中心的原则

在现代企业的管理中,由于客户将最终影响企业的生存和发展,因此企业所有的工作都是以客户满意度为中心的,只有不断地满足客户的需求和期望,用客户满意度来度量产品或服务的质量,才能对客户迅速做出响应,进而解决问题,提升组织竞争力。对于图书馆来说亦是如此,在业务外包过程管理中,要以读者满意为主线,并使其贯穿整个外包管理过程。图书馆实施业务外包,虽然有着不同的目标,但最终的目的都是为了赢得读者,让读者满意,提升其核心竞争力。一项工作做得好不好,可不可以这样做,以什么样的标准做,要用读者是否满意来衡量,只有这样,才不会偏离业务外包的目标。因此,图书馆在处理外包实施过程中遇到的各种问题、进行质量监管和进度控制时,应从读者满意的角度出发,再综合其他因素与外包商共同协商解决。如在流通服务外包的实施中,应根据读者的使用情况、读者意见或需求及时和外包商沟通,必要时和外包商协商对合同条款细则或附则进行修改,如外包人员工作职责或内容的及时调整和修改等。在整个业务外包的执行和管理过程中,在与外包商不断深化合作关系中,要逐渐让外包商也认同这一原则,认同读者是他们真正的“用户”,只有“用户”满意了,整个业务工作才会取得成功,才会赢得合同续签。如果选定的外包商不认同这一原则或者在外包实施中没有贯彻这一原则,很有可能会因外包商的工作疏忽或其他原因在读者中造成不良影响。换言之,所有外包业务的参与者,都要认同读者是否满意是衡量一切工作的标准。

4.1.2 树立双赢的合作理念

由于外包对图书馆整体运营的影响,图书馆外包的规划和决策必须在其整体战略规划的框架下制定,也就是说,业务外包是图书馆整体战略规划中的重要组成部分。实践中,大部分的图书馆实施业务外包不是临时救急或局部改善的暂时性手段,而是图书馆借以提高核心竞争力而持续使用的一种改善运营效果的经营管理方式。因此,外包并不是一纸简单的合同,是一种超越合同的、以相互信任和通力合作为基础的、共担风险、共享利益的长期的、稳定的合作关系。作为发包方的图书馆,首先就要树立"双赢"的合作理念,对外包商除监督、控制之外,还要适时采取一定的激励措施,鼓励外包商将更优秀的人才和先进的技术投入到外包业务中,并给予其充足的利润空间,才能提高外包商的忠诚度,逐渐建立起高度信任的合作关系。这种关系的建立虽然需要双方的共同努力、紧密合作才可能达成,但作为发包方的图书馆的积极主动或对这种愿望的先行表达,会激励外包商在外包实施之初就出于对长远利益的考虑而更加注重外包的效率和质量,在一定程度上还避免了外包商机会主义行为的发生。

4.1.3 只许成功不许失败

业务外包一经实施,牵一发而动全身,对图书馆的人力、资源、管理、整体的运营效果都会产生极大的影响,如果外包的最终效果不理想或外包失败,无论图书馆下一步是整合内部资源进行自制还是重新选择外包商,都会再次投入大量的人力和经费,具体外包的业务也会由于效果不理想而在图书馆内部和读者中产生负面影响,尤其是那些最初就对业务外包有抵触情绪的员工,会增加对他们的管理难度,影响团队的凝聚力,对再次实施外包带来管理方面的阻力;对于读者来讲,因外包失败而造成的服务质量下降、读者的信息需求不能满足等负面影响,也是短期内难以消除的。因此,在整个外包过程的管理中,要抱有只能成功,不能失败的必胜信心,不能寄希望于外包商的补偿来弥补可能的损失,而是要在管理中想方设法把不利因素降到最低。要做到这一点,管理团队首先要统一思想,"只许成功不许失败",遇到问题,要积极寻求通过协作解决问题的途径,加强与外包商的沟通和了解。事实上,实践中很多问题的解决,首先决定于态度,即有没有一定要解决问题的坚定的态度和信念;其次才是方法,即在双方不断沟通和相互了解的基础之上采用多种方法解决可能出现的冲突。外包过程的管理也是如此,坚持只许成功不许失败的原则,就是要有坚定的解决可能发生的问题的信心,在沟通和了解的基础之上,寻找能把损失降到最低的方法。应该说,这是外包管理中的一种积极的态度,无论外包商是否会存在机会主义行为,这种态度都会成为解决外包中出现的问题或争端的一剂良药,有助于整个外包业务的成功实施。

4.2 外包过渡阶段的管理

外包合同签订以后,在外包活动正式开始之前,首先进入外包的过渡阶段。这一阶段涉及外包后的人事变动、外包管理组织结构建立、资源移交、图书馆内部各部门之间、相关部门与外包商之间的业务衔接,如果是软件项目外包,还涉及数据或系统的衔接等。这是外包过程中的一个重要环节,对这些问题的解决效果直接影响后续外包的顺利实施。为保证顺利、平稳过渡,图书馆应首先成立专门的外包管理小组,其职责主要是协助馆领导进行过渡阶段的人事安排、组织结构调整、资源移交和业务接洽等。外包管理小组可由此前参与图书馆内外部环境评估、外包商评价与合同谈判阶段的管理人员以及拟外包业务的骨干人员组成。这些人员从一开始就参与业务外包的评估和决策,对于业务外包有较为深刻的认识,应该让他们继续负责外包的管理工作;拟外包业务的骨干人员有着丰富的业务或技术经验,他们的参与有助于过渡期间的业务衔接。过渡阶段结束后,还可以安排这些人员负责外包正式实施后的部分管理工作。

4.2.1 人事过渡管理

人事的过渡管理包括两个方面,一是图书馆拟外包业务人员的安排与管理,二是外包商相关人员的安排和接洽。

实施外包后,要保留部分拟外包业务人员从事质量监督、验收和外包过程管理,其余的人员都要根据工作需要调整到其他岗位;对于那些将业务的辅助性工作外包而保留核心工作的业务来说,同样要对原辅助性工作人员进行调整,业务能力较强的员工可留在原部门核心工作岗位,业务能力较弱的员工就要调到其他部门的岗位。对于近核心业务外包来说,通过让拟外包业务骨干人员参与外包管理,保持对此项业务的紧密跟踪、关注和直接参与,首先可提高图书馆的外包管理能力,其次是保留了员工胜任该项业务的核心能力,以备需要收回业务时不至于与业务完全脱节,从而有效防范外包风险。

对需要调整岗位的拟外包业务人员的安排和管理是一个较为棘手的问题,困难程度取决于合同签订之前,在进行外包决策阶段是否做了相应的员工安抚和沟通工作。如果前期已经进行了相关的意见征询、座谈、会议等不同方式的沟通,并在评估和决策时让这部分员工进行了部分的参与,那么在过渡阶段的调整和安排就要相对轻松。总的来说,对这部分人员的安置,不可操之过急,要在充分听取员工意见和了解其愿望的基础上,让他们深刻了解图书馆的整体战略规划和发展前景,预期外包在其中发挥的重要作用,让他们知晓外包的目的和新岗位的重要性,再进行下一步具体的岗位安排和培训等工作。该项工作可分为 3 个阶段来进行:首先通过各种方式如座谈、问卷调查、个别谈话进行员工意见调查,了解这部分员工对于外包的意见、建议,对于新职位的期望(包括薪资、具体岗位、职业发展规划)、个人面临的业务方面或其他方面的困难,甚至是牢骚和抱怨等。也就是说,第一阶段的主要工作是答疑解惑,给以员工释放心中不满的机会。此时他们最关心的问题是外包后我还能做什么吗、我还有前途吗、我的收入会减少吗、我会被解聘吗、在这一阶段把最确切的答案告诉他们，使他们把注意力转向下一阶段：外包后我适合做什么？也就是说，管理小组在第二个阶段的任务是本着适才适所、发挥特长的原则，根据图书馆的业务需要进行新岗位安排。这一阶段可根据图书馆整体的人事管理体制和外包目的来进行，优先安排他们到那些人力缺乏的岗位上去。第三个阶段则是对进入新岗位的馆员进行必要的上岗培训，虽然可能有些馆员已经在图书馆工作多年，对各岗位工作并不陌生，但上岗前的系统培训还是很有必要的，可以使他们快速掌握新职位的业务要领，以最快的速度胜任新的工作。此外，接收这些人员的部门也要提前做好准备，做好相关的人事、管理和业务安排。

外包商相关人员的安排和接洽也应同时进行。外包管理小组请外包商提供有关外包业务的项目团队负责人名单，包括项目总负责人、技术负责人、质检负责人等管理人员和关键岗位人员，如果是驻馆业务外包，还要提供所有驻馆外包人员名单，以便双方安排具体业务的衔接和接洽事宜。外包管理小组应对外包人员的资质进行审查，要求外包商出示参与外包项目人员的劳动合同复印件和相关的职业资格证明。外包人员必须是外包商的固定员工，至少已经通过了试用期，原则上应在公司工作一年以上或者有两年以上相关工作经验。需要注意的是，外包商此时提供的外包人员名单应和外包业务开始实施时的人员名单保持一致，以保证外包工作的前后连贯性和一致性。同时，为保证外包质量，外包人员要具有稳定性，但由于人员流动有时是不可预知的，图书馆在签订合同时应与外包商约定外包人员的稳定性期限，即要求外包商在一定时间段内保证外包人员的稳定性。

在过渡阶段的人事管理中，拟外包业务人员由于岗位的调整，产生失落和挫败的情绪在所难免；而外包人员，尤其是驻馆外包人员，对于新的环境和业务也需要一个适应的过程。在管理中,要将这部分人员一视同仁,让拟外包业务人员感觉到自己在组织中的重要性,离开原岗位依然可以找到适合自己的位置;对于外包人员,要将其看作是馆员中的一员,驻馆外包人员从第一天进馆,着装就要与正式馆员一致。管理中要给予外包人员充分的信任,帮助他们克服困难,尽快适应。总之,在过渡阶段的人事管理中,要体现人性化、注重平等与尊重、灵敏与弹性的柔性化管理思想,使图书馆能够平稳地度过外包真正开始前的“动荡期”。

4.2.2 外包管理组织结构建立

在外包过渡阶段,外包管理小组还有一项重要任务就是协助馆领导进行外包管理组织结构的建立,明确外包管理层次,分清各部门、各岗位之间的职责和相互协作关系、人员与任务间的关系,使员工明确自己在组织中应有的权力和应承担的责任,有效地保证外包活动的顺利开展。实践中,可以借鉴项目管理的方式,将合同期内的业务外包看作是一个项目,对外包的管理则看作是项目管理,外包管理组织结构的建立则可以看作是对项目管理组织结构的设计。事实上,项目管理通过组建柔性、高效率的团队对项目进行的高效率的计划、组织、指导和控制,进而实现对项目全过程的动态管理和项目目标的优化,是一种跨部门甚至是跨企业的协调管理方式,无疑是非常适用于外包业务管理的。但由于图书馆外包管理本身的特点,要建立合理的组织结构还应遵循如下原则:①首先要考虑外包的规模和重要性程度。外包的规模决定了采用何种组织结构方式能够有迅速有效的执行能力,能够更有效地完成外包管理任务;图书馆可能同时进行几项业务的外包,不同外包业务的重要性程度也不同,管理组织结构也就不同,有些外包业务需要全馆各部门通力合作,有的外包业务只需要某一个部门自行组织就可独立完成。②组织结构必须能够反映外包的目标和计划。③必须能保证决策指挥的统一。④必须有利于全过程及全局的控制。⑤必须考虑外包实施过程中的报告或汇报的方式、方法和制度。⑥必须考虑整个外包业务参与者是否能够建立顺畅的沟通渠道。

目前常用的项目管理组织结构形式有以下几种：

(1)直线型组织结构。此类组织形式结构简单，每一个工作部门只能对其直接的下属部门下达工作指令，每一个工作部门也只有一个直接的上级部门，上下级之间成线性的领导和被领导的关系。因此，每一个工作部门只有唯一一个指令源，每个部门都对唯一的上级领导部门负责。直线式组织结构如图 5 所示。直线式组织结构应用到项目管理中，也称为项目式组织结构，是将项目从公司的职能部门中分离出来，形成一个独立的单元，有自己的技术人员和管理人员，这就使得沟通在项目组织内部进行，因而变得简单、直接，易于对项目的进度、质量等进行控制。此外，项目经理对项目全权负责，项目组织的所有成员直接对项目经理负责，避免了多重领导、无所适从的局面；权力的集中还加快了决策的速度。这一类组织结构适用于小规模的、独立的外包项目管理。如果图书馆要将某项与其他业务没有直接关系的业务外包出去，外包管理则适宜采用直线型组织结构。

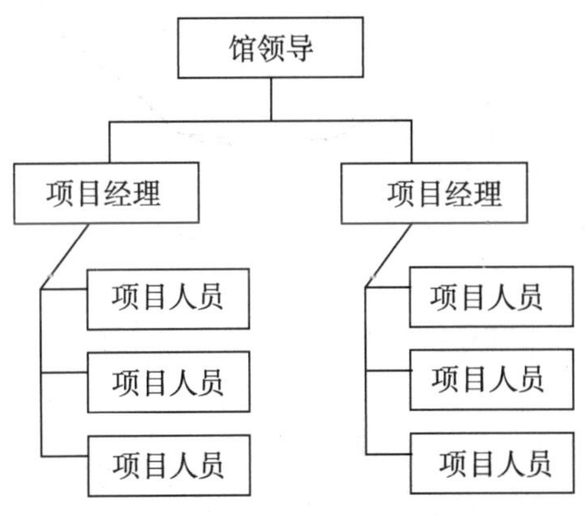

图 5　直线型组织结构

图5中的“项目经理”指的是图书馆某项外包业务的负责人，对该项外包业务管理负责，并向馆领导汇报。“项目人员”指图书馆参与外包业务的人员以及图书馆可控的外包商的参与外包业务的人员，如外包商负责与图书馆进行有关进度、质量、技术、管理等接洽与联络的相关人员。某些情况下，对于驻馆外包业务来说，项目人员还包括进驻图书馆的其他外包人员，这取决于双方事前的约定和图书馆采取的管理方式，即图书馆是否可直接管理驻馆外包人员，还是通过外包商的管理人员进行管理。以上关于人员的说明也适用于下面的组织结构图示。

(2)职能型组织结构。在职能型组织结构中，工作部门的设置是按照专业职能来进行划分的，每一个职能部门不仅对自己的下级有直接指挥权，对间接下属也可以有指挥权，因此容易出现多头管理。项目的职能组织结构是在基于职能的组织结构中最常见的项目组织方式。在项目的职能组织结构中，没有设置专门的项目管理组织，而是把项目的各项工作分配到各职能部门分别来完成，参与项目的各职能部门只负责完成其分管的项目相关工作，有关项目的事务和问题由所涉及的职能部门的负责人来进行协调。也就是说，在这种组织结构下，各职能部门派人参加项目，参加者向本部门负责人报告，各部门间的协调在部门负责人之间进行，没有专职的项目经理。如果某一职能部门对项目的完成发挥着主导作用，则该部门的负责人就负责项目的整体协调工作，并向馆领导汇报。这种组织结构的优点是按专业分工和管理，各职能部门承担的有关项目的工作不影响本部门的工作。缺点是由于各职能部门首先考虑的是本部门的利益而不是项目，因而协调较为困难，不利于对项目进行控制。其组织结构如图6所示。对于图书馆业务外包来讲，这种组织结构适用于那些把某一部门内的辅助性工作外包出去的情况，这样需要动用其他部门资源的机会较少，因而可以克服和避免这类组织结构协调沟通困难的缺点。

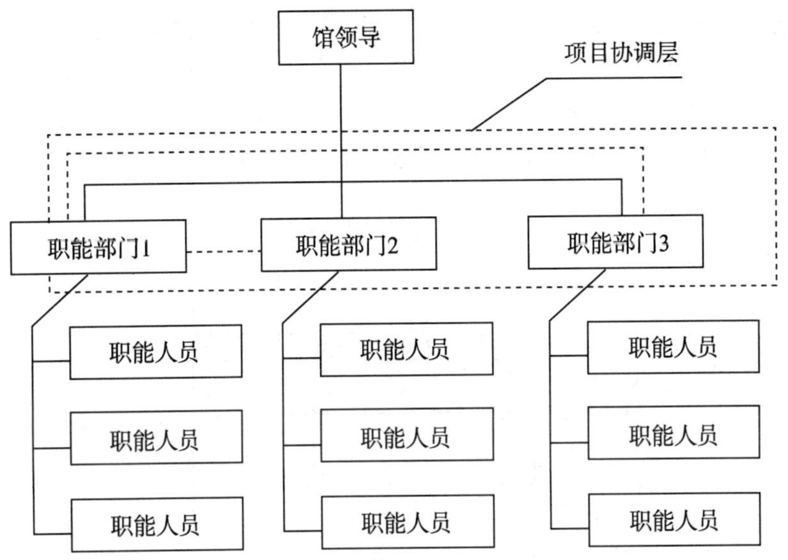

注:职能部门 1 为起主导作用的职能部门,职能部门 2 和职能部门 3 为参与项目的职能部门

图 6　职能型组织结构

在图 6 中,外包商可以看作是参与项目的某一职能部门,由起主导作用的职能部门统一协调管理。

(3)矩阵型组织结构。矩阵型组织结构是直线型组织结构和职能型组织结构的混合形式,是在职能式组织的垂直层次结构上增加了直线型组织的水平结构,从而结合形成一个矩阵,横向为各职能部门,纵向为各项目部门,其基本结构如图 7 所示。在矩阵型组织结构中,一名管理人员既与原职能部门保持组织与业务上的联系,又参加项目小组的工作。职能部门是固定的组织,项目小组是临时性组织,完成任务以后就自动解散,其成员回原部门工作,并不打乱原职能部门及其隶属关系。项目经理负责项目的总体工作,可以从各职能部门临时抽调资源为项目服务,各职能部门经理也有权决定哪些人或技术运用到哪个项目,从而对项目建设产生影响。在矩阵型组织结构中,横向和纵向部门的协调影响着整个组织的运作,如果这两类部门职责不清,容易造成双头管理的混乱局面。因此,在实践中,根据项目经理与职能部门经理相对权力的不同,形成了不同种类的矩阵组织结构,分别有权力明显倾向于职能经理的弱矩阵组织结构、权力明显倾向于项目经理的强矩阵组织结构以及介于这二者之间的平衡矩阵组织结构。

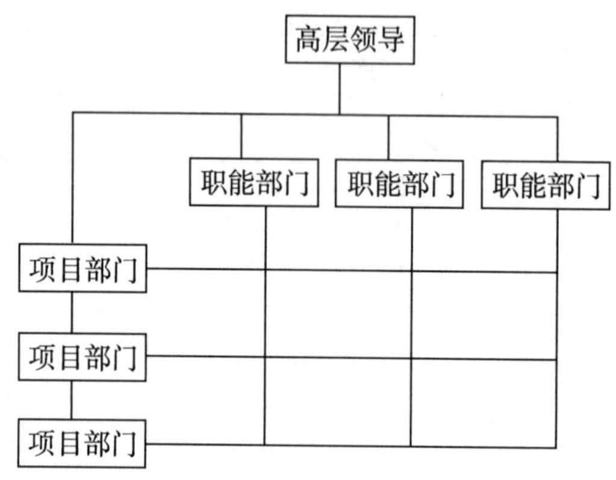

图7　矩阵型组织结构

弱矩阵组织结构中,建立有明确的项目部门,但项目经理通常只起到项目协调的作用,其权力很小。项目成员来自各职能部门,职能部门经理的权力要明显大于项目经理的权力,因此,职能部门经理可能更多地考虑的是本部门利益而非项目利益。在强矩阵组织结构中,建立有专门的项目部门,项目经理全权负责项目建设,直接向高层领导负责,可以跨越职能部门指挥和调用各种资源,因而可以集中精力完成项目目标。平衡矩阵组织结构则介于这二者之间,成立有专门的项目组织,任命一名项目经理,项目经理可能是参与项目的职能部门的一员或其负责人,被赋予一定的权利,对项目整体负责。项目经理虽然也可以指挥和调动一定的职能部门的资源,但其权力是有限的,职能部门经理为了本部门利益有时会对项目经理的这种权力进行限制。一般来说,对于技术简单的项目采用弱矩阵,中等技术复杂程度和周期较长的项目采用平衡矩阵,任务紧迫的项目采用强矩阵。

以上我们是从项目管理的角度讨论了几种常见的组织结构形式，实践中，要根据项目的规模、性质、目标、需要协调和沟通的范围和频率、现有的组织结构选择适用的组织结构形式，对于图书馆的外包管理来说亦是如此。所不同的是，外包管理重点不是对项目建设进行的直接管理，而是对项目的进度、质量等进行的间接管理和监督，项目的建设重点在外包商。因此，需要纳入管理范畴的人员相较项目管理来说要少得多，即便是对于驻馆外包项目来讲，外包商一般都会有管理人员进驻，图书馆多数情况下是直接和这些管理人员协调。人员少并不意味着就可以忽视管理组织结构的建立。管理组织结构一旦确立，管理人员的权限、职责范围、工作内容、汇报制度等也就一一规定下来，谁来负责跟踪进度，谁来负责监督质量，谁来负责技术、培训等，这对于保证外包管理的效果是至关重要的。

外包过渡阶段的人事关系理顺了，管理组织结构确立了，各部门、各岗位、员工个人在组织中的权利和责任也就明确了，接下来，就可以按各自的职责与外包商进行业务的衔接或移交。双方人员要根据外包的业务流程进行充分的沟通和接洽，由外包管理负责人安排双方各个相关岗位对口负责人或联络人进行业务上的对接、沟通或接管，这一步也非常重要。双方交接是否清楚、明晰直接影响后续外包业务的进行。因此，应列有详细的对接清单，有些外包业务交接还需遵循国家的相关规定，如物业管理外包，双方在交接时还应遵循《房屋接管验收标准》。交接完毕后要对外包人员尤其是驻馆外包人员进行图书馆业务方面的培训，使他们熟悉图书馆的整个业务流程，重点了解实施外包业务的相关知识和服务流程。

4.3 外包质量管理

外包正式实施后，图书馆首先应重视对外包质量的管理。事实上，前期外包商的评价和选择环节，即是对外包进行质量控制的第一步。选择合格或优秀的外包商，是保证外包质量的前提条件之一，外包商选择不当，再好的质量管理也不能“挽救”由此带来的外包失败；选择了合适的外包商，如果不重视外包质量管理，同样也达不到预期的外包效果。

外包质量管理，是指图书馆在外包实施的过程中，根据预先制定的质量标准，通过监督、协调、管理和控制外包商的外包质量管理活动，达到外包质量要求的全过程。外包质量管理的基本原则是重在预防质量问题的出现，而不是发现质量问题后进行的纠正。纠正虽然也很重要，但可能会引起成本的上升和外包的按计划实施。通过预防使质量问题不出现或少出现则可以有效降低成本。因此，图书馆管理层首先要明确对外包质量的态度，整个外包管理团队成员则要有强烈的质量意识，通过制定详细而周密的外包质量标准，全面了解外包商的质量控制过程，充分地沟通和解决存在的问题，采取合适的质量检验或验收方法，把质量问题控制在最小范围。

4.3.1 图书馆外包质量标准的制定

对外包进行质量管理，图书馆首先应制定相应的质量标准，由此制定质量考核指标，对外包业务的实施过程进行监督、考核和管理。质量标准的制定要根据国家已颁布的标准、规范、规定，目前的相关技术发展水平，满足读者需求的需要和图书馆的实际情况来制定，尤其是对于一些与技术发展水平密切相关的业务，在技术或人员条件许可的情况下，应尽可能根据未来技术的发展方向制定具有前瞻性的标准，为以后项目的升级换代打下基础，如数字图书馆资源建设或资源整合的软件外包或资源加工外包等。当然还要考虑经费等其他情况，太高或太低的标准都不是最好的选择。实践中，不同的业务质量标准也不同，表 12 为各类外包业务有可能涉及的规范、标准及有代表性的参考文献。

表 12　各类外包业务标准制定参考标准、规范和代表性文献

<table>
<tr><th>采访业务外包</th></tr>
<tr><td>**正式发布的相关标准：**
1. ISO 9230 : 2007 信息和文献 图书馆购买印刷物和电子媒体价格指数的确定(Information and documentation—Determination of price indexes for print and electronic media purchased by libraries)
规范：
1. 教育部高等学校图书情报工作指导委员会．普通高等学校图书馆文献采选原则与标准编制指南[EB/OL]. [2014 - 09 - 10]. http://www.scal.edu.cn/gczn/201311050928.
2. 教育部高等学校图书情报工作指导委员会．普通高等学校图书馆文献资源发展政策编制指南[EB/OL]. [2014 - 09 - 10]. http://www.scal.edu.cn/gczn/201311050930.
参考文献：
1. 富平．中文连续出版物采访工作手册[M]. 北京:北京图书馆出版社(今国家图书馆出版社),2004.
2. 刘兹恒．非书资料采访工作手册[M]. 北京:北京图书馆出版社(今国家图书馆出版社),2004.</td></tr>
<tr><th>编目业务外包</th></tr>
<tr><td>**正式发布的相关标准：**
1. GB/T 3792.1—2009 文献著录 第 1 部分:总则
2. GB/T 3792.3—2009 文献著录 第 3 部分:连续性资源
3. GB/T 3792.4—2009 文献著录 第 4 部分:非书资料
4. GB/T 3792.9—2009 文献著录 第 9 部分:电子资源
5. GB/T 3792.2—2006 普通图书著录规则
6. GB/T 3792.7—2008 古籍著录规则
7. GB/T 3860—2009 文献主题标引规则
8. GB/T 19688.1—2005 信息与文献 书目数据目录 第 1 部分:互借应用
9. GB/T 19688.2—2005 信息与文献 书目数据目录 第 2 部分:采访应用
10. GB/T 19688.3—2005 信息与文献 书目数据目录 第 3 部分:情报检索</td></tr>
</table>

续表

11. GB/T 19688. 4—2005 信息与文献 书目数据目录 第 4 部分:流通应用
12. GB/T 19688. 5—2009 信息与文献 书目数据元目录 第 5 部分:编目和元数据交换用数据元
13. GB/T 21373—2008 知识产权文献与信息 分类及代码
14. GB/T 12451—2001 图书在版编目数据
15. B/T 3792. 6—2005 测绘制图资料著录规则
16. WH/T 0503—1996 中国机读目录格式

标准草案:

1. 徐周亚. 我国数字图书馆标准与规范建设:地方志描述元数据著录规则(科技部科技基础性工作专项资金重大项目《我国数字图书馆标准规范建设》资助)[DB/OL]. [2014 - 09 - 10]. http://www. chinalibs. net/Upload/Pusfile/2014/2/24/2014224112016994. pdf.
2. 徐周亚,王荟. 我国数字图书馆标准与规范建设:地方志元数据著录规则(科技部科技基础性工作专项资金重大项目《我国数字图书馆标准规范建设》资助)[DB/OL]. [2014 - 09 - 10]. http://www. chinalibs. net/Upload/Pusfile/2014/2/24/2014224112529887. pdf.
3. 孙坦等. 我国数字图书馆标准与规范建设:会议论文著录规则(科技部科技基础性工作专项资金重大项目《我国数字图书馆标准规范建设》资助)[DB/OL]. [2014 - 09 - 10]. http://www. chinalibs. net/Upload/Pusfile/2014/2/24/2014224134256991. pdf.
4. 马文峰等. 我国数字图书馆标准与规范建设:基本元数据著录规则(科技部科技基础性工作专项资金重大项目《我国数字图书馆标准规范建设》资助)[DB/OL]. [2014 -09 -10]. http://ir. las. ac. cn/handle/12502/4875.
5. 马文峰等. 我国数字图书馆标准与规范建设:期刊论文元数据著录规则(科技部科技基础性工作专项资金重大项目《我国数字图书馆标准规范建设》资助)[DB/OL]. [2014 -09 -10]. http://ir. las. ac. cn/handle/12502/4434.
6. 吴开华等. 我国数字图书馆标准与规范建设:学位论文著录规则(科技部科技基础性工作专项资金重大项目《我国数字图书馆标准规范建设》资助)[DB/OL]. [2014 -09 -10]. http://ir. las. ac. cn/handle/12502/4926.

续表

7. 姚伯岳等．我国数字图书馆标准与规范建设：古籍描述元数据著录规则（科技部科技基础性工作专项资金重大项目《我国数字图书馆标准规范建设》资助）[DB/OL]．[2014 - 09 - 10]．http://www.chinalibs.net/Upload/Pusfile/2014/2/24/201422413519210.pdf. **参考文献：** 1. 赵亮，苏品红．国家图书馆家谱元数据规范与著录规则[M]．北京：国家图书馆出版，2014. 2. 郑巧英，梁蕙玮，陈幼华．国家图书馆电子图书元数据规范和著录规则[M]．北京：国家图书馆出版社，2013. 3. 郑巧英，周晨，彭佳．国家图书馆图像资源元数据规范和著录规则[M]．北京：国家图书馆出版社，2013. 4. 王胜清，周晨，罗云川．国家图书馆音频资源元数据规范与著录规则[M]．北京：国家图书馆出版社，2014. 5. 段明莲，周晨，琚存华．国家图书馆视频资源元数据规范与著录规则[M]．北京：国家图书馆出版社，2014. 6. 肖珑，苏品红，姚伯岳．国家图书馆舆图元数据规范与著录规则[M]．北京：国家图书馆出版社，2014. 7. 肖珑，苏品红，胡海帆．国家图书馆拓片元数据规范与著录规则[M]．北京：国家图书馆出版社，2014. 8. 肖珑，苏品红，刘大军．国家图书馆古籍元数据规范与著录规则[M]．北京：国家图书馆出版社，2014. 9. 卢芳玉，苏品红．国家图书馆甲骨元数据规范与著录规则[M]．北京：国家图书馆出版社，2014. 10. 国家图书馆 MARC21 格式使用手册课题组．MARC21 规范数据格式使用手册[M]．北京：北京图书馆出版社（今国家图书馆出版社），2005. 11. 谢琴芳等．GB/T3792.3—2009《文献著录（第 3 部分）连续性资源》应用指南[M]．北京：国家图书馆出版社，2011. 12. 辛苗．中文普通图书 CNMARC 格式著录解析[M]．北京：国家图书馆出版社，2014.

续表

<table>
<tr><td>

顾犇．西文文献著录条例[M]．北京:北京图书馆出版社(今国家图书馆出版社),2003.

13. 卜书庆,刘华梅.《中国图书馆分类法》第5版与第4版增删改类目对照表[M]．北京:国家图书馆出版社,2013.

14. 崔明明．连续性资源ISSN记录编目实用指南[M]．北京:国家图书馆出版社,2013.

15. 胡广翔.GB\T3792.2—2006普通图书著录规则应用指南[M]．北京:国家图书馆出版社,2011.

16. 国家图书馆编．新版中国机读目录格式使用手册[M]．北京:北京图书馆出版社(今国家图书馆出版社),2004.

17. 全国图书馆联合编目中心,国家图书馆中文采编部．中文书目数据制作[M]．北京:国家图书馆出版社,2013.

18. Mirna Willer编;《中国机读规范格式》工作组译.UNIMARC手册:规范格式(第3版)[M]．北京:国家图书馆出版社,2013.

19. 国家图书馆．中国图书馆分类法(第5版)[M]．北京:国家图书馆出版社,2010.

20. ISBD评估组推荐;顾犇翻译．国际标准书目著录[M]．北京:国家图书馆出版社,2012.

</td></tr>
<tr><td align="center">自动化业务外包</td></tr>
<tr><td>

正式发布的标准:

1. GB/T 22466—2008 索引编制规则(总则)

2. GB/T 23269—2009 信息与文献 开放系统互连 馆际互借应用服务定义

3. ISO 28560—2—2011 信息和文献—图书馆的射频识别(RFID)—第1部分:数据元和实施的一般指南

4. ISO 28560—2—2011 信息和文献—图书馆的射频识别(RFID)第2部分:以来自ISO/IEC 15962规则为基础的射频识别(RFID)数据元的编码

5. ISO 28560—3—2011 信息和文献—图书馆的射频识别(RFID)第3部分:固定长度编码

6. ISO 28560—1:2011. 信息和文献—图书馆无线射频识别(RFID)—实施的数据元素和总原则

</td></tr>
</table>

续表

7. ISO 28560—2：2011. 信息和文献—图书馆无线射频识别(RFID)—基于ISO/IEC15962 规则的无线射频识别(RFID)数据元素的编码
8. WH/T 43—2012. 图书馆—射频识别—数据模型—第 1 部分:数据元素设置及应用规则
9. WH/T 44—2012. 图书馆—射频识别—数据模型—第 2 部分:基于 ISO/IEC15962 的数据元素编码方案
10. ISO/IEC646 IRV. 信息技术:ISO 信息交换七位编码字符集
11. ISO/IEC15961：2004. 信息技术—项目管理用射频识别(RFID)—数据协议:应用接口
12. ISO/IEC15962：2004. 信息技术—项目管理用射频识别(RFID)—数据协议:数据编码规则和逻辑存储功能
13. DB44/T 898. 1—2011. 射频识别—图书管理—第 1 部分:系统架构和应用需求
DB44/T 898. 2—2011. 射频识别—图书管理—第 2 部分:标签数据
14. GB/T 23270. 1—2009 信息与文献 开放系统互连 馆际互借应用协议规范 第 1 部分:协议说明书
15. GB/T 23270. 2—2009 信息与文献 开放系统互连 馆际互借应用协议规范 第 2 部分:协议实施一致性声明(PICS)条文
16. GB/T 27702—2011 信息与文献 信息检索(Z39. 50)应用服务定义和协议规范

规范:

1. 上海交通大学图书馆,高校图书馆 RFID 技术应用联盟工作小组 . 高校图书馆 UHF RFID 技术 第一部分: 数据模型规范(第四版) [EB/OL]. [2014 - 09 - 11] . http://lbsystem. lib. cityu. edu. hk/alliance/doc/RFID5/data _ model _ specification_v4. pdf.
2. 上海交通大学图书馆,高校图书馆 UHF RFID 技术 第二部分: 应用指南(第四版) [EB/OL]. [2014 - 09 - 11]. http://lbsystem. lib. cityu. edu. hk/alliance/doc/RFID5/application_guide_v4. pdf.

续表

标准草案： 1. 刑春晓．我国数字图书馆标准与规范建设：WEB 服务标准和协议应用案例分析及应用指南（科技部科技基础性工作专项资金重大项目《我国数字图书馆标准规范建设》资助）[DB/OL]．[2014－09－10]．http://www. chinalibs. net/Upload/Pusfile/2014/2/24/201422411436176. pdf. 2. 刑春晓．我国数字图书馆标准与规范建设：WHOIS＋＋协议应用指南（科技部科技基础性工作专项资金重大项目《我国数字图书馆标准规范建设》资助）[DB/OL]．[2014－09－10]．http://www. chinalibs. net/Upload/Pusfile/w2609. pdf. **参考文献：** 陈进，邓景康，景祥祜．图书馆 RFID 技术及应用[M]．上海：上海交通大学出版社，2013.
数字资源建设
正式发布的标准： 1. GB/T 19689—2005 信息与文献 交互式文本检索命令集 2. GB/T 22373—2008 标准文献元数据 3. GB/Z 23283—2009 基于文件的电子信息的长期保存 4. GB/T 23286. 1—2009 文献管理 长期保存的电子文档文件格式 第 1 部分：PDF1. 4（PDF/A－1）的使用 5. GB/T 24424—2009 馆藏说明 6. GB/T 25100—2010 信息与文献 都柏林核心元数据元素集 7. GB/Z 26822—2011 文档管理 电子信息存储 真实性可靠性建议 8. GB/T 2901—2012 信息与文献 信息交换格式 9. GB/T 30535—2014 科技报告元数据规范 10. GB/T 20530—2006 文献档案资料数字化工作导则 11. ISO 25577：2008 Ed. 1 信息和文献 Marc 交换 12. WH/T 52—2012 管理元数据规范

续表

标准草案：

1. 张晓星等．我国数字图书馆标准与规范建设：基本数字对象描述元数据规范（科技部科技基础性工作专项资金重大项目《我国数字图书馆标准规范建设》资助）[DB/OL]．[2014-09-10]. http://ir. nsl. ac. cn/handle/12502/4866.

2. 张晓星等．我国数字图书馆标准与规范建设：基本数字对象描述元数据扩展规范（科技部科技基础性工作专项资金重大项目《我国数字图书馆标准规范建设》资助）[DB/OL]．[2014-09-10]. http://ir. las. ac. cn/handle/12502/4867.

3. 肖珑等．我国数字图书馆标准与规范建设：专门数字对象描述元数据规范设计指南（科技部科技基础性工作专项资金重大项目《我国数字图书馆标准规范建设》资助）[DB/OL]．[2014-09-10]. http://www. chinalibs. net/Upload/Pusfile/2014/2/26/2014226104914695. pdf.

4. 肖珑等．我国数字图书馆标准与规范建设：专门元数据规范设计指南（科技部科技基础性工作专项资金重大项目《我国数字图书馆标准规范建设》资助）[DB/OL]．[2014-09-10]. http://www. chinalibs. net/Upload/Pusfile/2014/2/26/2014226111421327. pdf.

5. 刘炜等．我国数字图书馆标准与规范建设：资源集合描述元数据规范（科技部科技基础性工作专项资金重大项目《我国数字图书馆标准规范建设》资助）[DB/OL]．[2014-09-10]. http://www. chinalibs. net/Upload/Pusfile/2014/2/26/2014226113338158. pdf.

6 镇锡惠，罗时辉．我国数字图书馆标准与规范建设：资源集合描述元数据应用扩展规则（科技部科技基础性工作专项资金重大项目《我国数字图书馆标准规范建设》资助）[DB/OL]．[2014-09-10]. http://www. chinalibs. net/Upload/Pusfile/2014/2/26/2014226114213361. pdf.

7. 周明华等．我国数字图书馆标准与规范建设：资源集合描述元数据著录规则及使用指南（科技部科技基础性工作专项资金重大项目《我国数字图书馆标准规范建设》资助）[DB/OL]．[2014-09-10]. http://www. chinalibs. net/Upload/Pusfile/2014/2/26/2014226114629520. pdf.

续表

8. 魏来,张晓林. 我国数字图书馆标准与规范建设:知识组织体系描述标准与规范(科技部科技基础性工作专项资金重大项目《我国数字图书馆标准规范建设》资助)[DB/OL].[2014-09-10]. http://www.chinalibs.net/Upload/Pusfile/2012/9/25/1578211746.pdf. 9. 张智雄,郭家义. 我国数字图书馆标准与规范建设:LDAP/WHOIS++协议应用指南(科技部科技基础性工作专项资金重大项目《我国数字图书馆标准规范建设》资助)[DB/OL].[2014-09-10]. http://www.chinalibs.net/Upload/Pusfile/2014/2/24/2014224103847765.pdf. 10. 张智雄. 我国数字图书馆标准与规范建设:LDAP 协议应用指南(科技部科技基础性工作专项资金重大项目《我国数字图书馆标准规范建设》资助)[DB/OL].[2014-09-10]. http://www.chinalibs.net/book/w0776.pdf. 11. 沈芸芸. 我国数字图书馆标准与规范建设:基本元数据与 MARC 映射指南(科技部科技基础性工作专项资金重大项目《我国数字图书馆标准规范建设》资助)[DB/OL].[2014-09-10]. http://www.chinalibs.net/Upload/Pusfile/2014/2/24/2014224104426951.pdf. 12. 牛振东,朱先忠. 我国数字图书馆标准与规范建设:OAI-PMH 协议应用指南(科技部科技基础性工作专项资金重大项目《我国数字图书馆标准规范建设》资助)[DB/OL].[2014-09-10]. http://www.chinalibs.net/Upload/Pusfile/2014/2/24/2014224104737754.pdf. 13. 徐周亚等. 我国数字图书馆标准与规范建设:地方志描述元数据规范(科技部科技基础性工作专项资金重大项目《我国数字图书馆标准规范建设》资助)[DB/OL].[2014-09-10]. http://www.chinalibs.net/Upload/Pusfile/2014/2/24/2014224111820571.pdf. 14. 徐周亚等. 我国数字图书馆标准与规范建设:地方志元数据规范(科技部科技基础性工作专项资金重大项目《我国数字图书馆标准规范建设》资助)[DB/OL].[2014-09-10]. http://www.chinalibs.net/Upload/Pusfile/2014/2/24/201422411232929.pdf.

续表

15. 魏来等．我国数字图书馆标准与规范建设:复合数字对象描述标准与规范(科技部科技基础性工作专项资金重大项目《我国数字图书馆标准规范建设》资助)[DB/OL].[2014－09－10].http://www.chinalibs.net/Upload/Pusfile/2012/9/25/1288437943.pdf. 16. 姚伯岳等．我国数字图书馆标准与规范建设:古籍描述元数据规范(科技部科技基础性工作专项资金重大项目《我国数字图书馆标准规范建设》资助)[DB/OL].[2014－09－10].http://www.chinalibs.net/Upload/Pusfile/2014/2/24/201422413246100.pdf. 17. 孙坦等．我国数字图书馆标准与规范建设:会议论文描述元数据规范(科技部科技基础性工作专项资金重大项目《我国数字图书馆标准规范建设》资助)[DB/OL].[2014－09－10].http://www.chinalibs.net/Upload/Pusfile/2014/2/24/2014224131947413.pdf. 18. 孙坦等．我国数字图书馆标准与规范建设:会议论文描述元数据著录规则(科技部科技基础性工作专项资金重大项目《我国数字图书馆标准规范建设》资助)[DB/OL].[2014－09－10].http://www.chinalibs.net/Upload/Pusfile/2014/2/24/201422413230376.pdf. 19. 孙坦等．我国数字图书馆标准与规范建设:会议论文元数据规范(科技部科技基础性工作专项资金重大项目《我国数字图书馆标准规范建设》资助)[DB/OL].[2014－09－10].http://www.chinalibs.net/Upload/Pusfile/2014/2/24/2014224132617578.pdf. 20. 姜爱蓉,郑晓惠．我国数字图书馆标准与规范建设:基本元数据扩展集标准(科技部科技基础性工作专项资金重大项目《我国数字图书馆标准规范建设》资助)[DB/OL].[2014－09－10].http://www.chinalibs.net/Upload/Pusfile/2014/2/25/201422583439513.pdf. 21. 刘炜等．我国数字图书馆标准与规范建设:基本元数据应用规范与著录规则(科技部科技基础性工作专项资金重大项目《我国数字图书馆标准规范建设》资助)[DB/OL].[2014－09－10].http://www.chinalibs.net/Upload/Pusfile/w3181.pdf.

续表

22. 宋文等. 我国数字图书馆标准与规范建设:基本元数据与 CCFC 映射指南(科技部科技基础性工作专项资金重大项目《我国数字图书馆标准规范建设》资助)[DB/OL]. [2014-09-10]. http://www.chinalibs.net/Upload/Pusfile/2012/9/25/996881474.pdf.
23. 朱庆华等. 我国数字图书馆标准与规范建设:基本元数据与其他元数据集映射指南(科技部科技基础性工作专项资金重大项目《我国数字图书馆标准规范建设》资助)[DB/OL]. [2014-09-10]. http://ir.nsl.ac.cn/handle/12502/4874.
24. 孙坦等. 我国数字图书馆标准与规范建设:期刊论文描述元数据规范(科技部科技基础性工作专项资金重大项目《我国数字图书馆标准规范建设》资助)[DB/OL]. [2014-09-10]. http://ir.las.ac.cn/handle/12502/4881.
25. 孙坦等. 我国数字图书馆标准与规范建设:期刊论文描述元数据著录规则(科技部科技基础性工作专项资金重大项目《我国数字图书馆标准规范建设》资助)[DB/OL]. [2014-09-10]. http://ir.las.ac.cn/handle/12502/4882.
26. 孙坦等. 我国数字图书馆标准与规范建设:期刊论文元数据规范(科技部科技基础性工作专项资金重大项目《我国数字图书馆标准规范建设》资助)[DB/OL]. [2014-09-10]. http://ir.las.ac.cn/handle/12502/4433.
27. 宋文等. 我国数字图书馆标准与规范建设:其他元数据到基本元数据的映射规则(科技部科技基础性工作专项资金重大项目《我国数字图书馆标准规范建设》资助)[DB/OL]. [2014-09-10]. http://ir.las.ac.cn/handle/12502/4883.
28. 倪金松. 我国数字图书馆标准与规范建设:数字资源唯一标识符解析系统应用规范(科技部科技基础性工作专项资金重大项目《我国数字图书馆标准规范建设》资助)[DB/OL]. [2014-09-10]. http://ir.las.ac.cn/handle/12502/4897.
29. 吴开华等. 我国数字图书馆标准与规范建设:学位论文描述元数据规范(科技部科技基础性工作专项资金重大项目《我国数字图书馆标准规范建设》资助)[DB/OL]. [2014-09-10]. http://ir.las.ac.cn/handle/12502/4923.

续表

30. 吴开华等. 我国数字图书馆标准与规范建设:学位论文描述元数据著录规则(科技部科技基础性工作专项资金重大项目《我国数字图书馆标准规范建设》资助)[DB/OL]. [2014-09-10]. http://ir.las.ac.cn/handle/12502/4924.

31. 吴开华等. 我国数字图书馆标准与规范建设:学位论文元数据规范(科技部科技基础性工作专项资金重大项目《我国数字图书馆标准规范建设》资助)[DB/OL]. [2014-09-10]. http://ir.las.ac.cn/handle/12502/4925.

参考文献:

1. 龙伟,罗云川. 国家图书馆文本数据加工标准和操作指南[M]. 北京:国家图书馆出版社,2012.
2. 朱强,张春红,龙伟. 国家图书馆音频数据加工标准和操作指南[M]. 北京:北京图书馆出版社(今国家图书馆出版社),2011.
3. 朱强,张春红,龙伟. 国家图书馆图像数据加工标准和操作指南[M]. 北京:国家图书馆出版社,2011.
4. 朱强,张春红,龙伟. 国家图书馆视频数据加工标准和操作指南[M]. 北京:北京图书馆出版社(今国家图书馆出版社),2011.
5. 孙坦,宋文,贺燕. 国家图书馆数字资源唯一标识符规范和应用指南[M]. 北京:国家图书馆出版社,2010.
6. 肖珑,申晓娟. 国家图书馆元数据应用总则规范汇编[M]. 北京:国家图书馆出版社,2011.
7. 郑巧英,王绍平,汪东波. 国家图书馆管理元数据规范和应用指南[M]. 北京:国家图书馆出版社,2010.
8. 赵亮,周晨. 国家图书馆网络资源元数据规范和著录规则[M]. 北京:国家图书馆出版社,2013.
9. 蒋贤春,翟喜奎. 中文文献全文版式还原与全文输入 XML 规范和应用指南[M]. 北京:国家图书馆出版社,2010.

古籍修复

正式发布的标准:

1. GB/T 21712—2008 古籍修复技术规范与质量要求
2. GB/T 7518—2005 缩微摄影技术 在 35mm 卷片上拍摄古籍的规定
3. GB/T 7517—2004 缩微摄影技术 在 16mm 卷片上拍摄古籍的规定

续表

参考文献：
参考文献： 张平，吴澍时．古籍修复案例述评[M]．北京：国家图书馆出版社，2012.
整体外包
正式发布的标准： 1. GB/T 28220—2011 公共图书馆服务规范 2. GB/T 29182—2012 信息与文献 图书馆绩效指标 3. GB/T 27703—2011 信息与文献 图书馆和档案馆的文献保存要求 4. GB/T 30227—2013 图书馆古籍书库基本要求 5. ISO 11620 : 2008 Ed. 2 信息和文献工作．图书馆工效指标 6. GB/T 27703—2011 信息与文献 图书馆和档案馆的文献保存要求 7. BS 6478—1984 图书馆与文献工作的新书通报归档指南 8. CNS 13776—1996 图书馆与档案室典藏出版品与文件之纸质保存性标准 9. BS 5999—1980 图书馆和文献中心用连续出版物收藏说明规范 10. 建标 108—2008 公共图书馆建设标准(附条文说明) 11. JGJ 38—1999 图书馆建筑设计规范 12. WH 0502—1996 公共图书馆建筑防火安全技术标准 13. CNS 14308—1999 图书馆之钢制书架 14. CNS 13612—1995 公共图书馆建筑设备 15. ISO/TR 11219—2012 信息和文献 图书馆建筑物的定性条件和基本统计：空间、功能和设计 16. GB 9669—1996 图书馆、博物馆、美术馆、展览馆卫生标准 **规范：** 中国图书馆馆员职业道德准则(试行)(中国图书馆学会六届四次理事会 2002 年 11 月 15 日通过) **参考文献：** 王世伟，张涛．公共图书馆服务规范应用指南[M]．北京：国家图书馆出版社，2013.

续表

物业外包
1. 中国物业管理协会《普通住宅小区物业管理服务等级标准》(试行) 2. DB37/T 1997.3—2011 物业服务规范 第3部分:高校物业 **参考文献:** 吴建中,李道林. 图书馆物业管理实施2000版ISO 9001标准实用指南[M]. 上海:上海科学技术文献出版社,2002.
文献物流外包
其他外包业务
正式发布的标准: GB/T 30108—2013 信息与文献 图书馆和档案馆的图书、期刊、连续出版物及其它纸质文献的装订要求 方法与材料
其他综合类的标准 DB43/T 598—2010 高等学校图书馆服务规范

由于外包商对图书馆业务并不能做到全面了解,为避免对标准条款理解不同而造成后续的冲突出现质量问题,双方应对质量标准逐条进行确认,不能有半点马虎。图书馆制定的质量标准也不是一成不变的,在实施的过程中还要根据实际情况进行修改和完善,这有赖于外包双方在整个外包执行过程中的充分沟通和相互信任。

4.3.2 外包商的质量管理

质量管理是指外包商实施的与质量有关的管理活动,包括质量方针和质量目标的建立,通过质量策划、质量控制、质量保证和质量改进等手段来实施的、围绕使产品质量满足不断更新的产品质量要求的全部管理活动。图书馆要想在外包实施过程中有效地管理外包质量,对外包商自身的质量管理体系、质量方针、针对外包项目制定的质量管理规划、流程、标准等的了解也是非常必要的,在外包实施前对外包商质量管理活动的了解,有助于双方在外包实施过程中充分沟通、协调和控制外包质量,建立贯穿整个外包活动和连接外包双方的整体质量策略。

(1)质量方针。质量方针是企业经营总方针的一个组成部分,是企业的质量政策,是企业全体职工必须遵守的准则和行动纲领,具有明确的号召力,反映了企业领导层的质量意识、对质量的总的指导思想和承诺。对于项目质量管理来讲,组织的质量方针对于建立与质量相关的信念、氛围、意识、价值观和最高目标的项目质量文化起着旗帜的作用,是项目文化的重要组成部分,而项目文化又是项目成员团队精神的粘着剂。一个没有质量方针的组织,员工或者没有质量意识,或是质量意识混乱,各行其是,其产品或服务难以满足用户的需求和期望。

(2)质量目标。质量目标是建立在组织质量方针基础之上,在组织内的不同层次规定的、在产品或服务质量方面要达到的具体目标。质量目标是比较具体的、定量的要求,如要求数据的错误率百分比、返修率的百分比等。对于外包项目管理来讲,外包商应在组织质量方针和质量目标的基础上,根据图书馆的具体需求和外包业务的实际情况,制定适合本项外包业务的质量目标。外包业务的质量目标应该是外包商按照自身的实际能力制定的项目质量目标,分为总体的质量目标和具体的质量目标。具体的质量目标是为了便于执行而对项目总体的质量目标进行的细分,是根据项目的组成而对质量目标进行的逐级分解。

外包商可能会设置多个质量目标,如有些目标是为了满足图书馆对产品或服务的需求而制定的,是强制性目标,必须达成;有的是为了保证交付时间而制定的控制进度的质量目标等。外包业务的质量目标一定是在满足图书馆质量目标的前提下制定的,因此,双方对于项目的质量标准的认识和理解应该是一致的,这就需要双方前期进行充分的沟通和协调,特别是对于那些图书馆特有的业务类型,这种沟通就显得尤为重要。

质量目标不仅可以作为对项目质量评价的标准,也可以作为促成项目达到目标的手段,质量目标的设置反映了外包商在质量管理方面的态度和能力。

(3)质量管理活动。在外包项目实施之前,外包商还要明确有哪些重要的质量管理活动,应以书面的形式与图书馆进行沟通和协调,具体包括:

• 质量管理的工作流程,明确在外包实施的不同阶段进行的质量管理活动;

• 质量管理的组织和职责,确定各级人员的角色和责任,建立外包项目的质量管理机构;

• 外包业务实施中需要的书面文件,如具体的工作流程、技术资料等;

• 外包业务实施各阶段适用的检查、检验、评审大纲等;

• 制定达到质量目标的测量方法,即质量达标的评价方法;

• 随外包业务的进展而对质量目标和计划进行完善的程序;

• 为达到外包质量目标而必须采取的其他措施。

质量管理活动是外包商在实施外包业务之前确定的有关质量管理计划的重要组成部分,是进行质量管理的具体的分工和工作步骤,规定了进行质量检验和质量提高的具体程序和方法,而这些活动在外包的实施中,还要与图书馆对外包业务的质量管理相协调、衔接,才能保证双方步调一致,达到外包质量管理的目的。

(4)制定质量标准。为达到质量目标,外包商必须依据图书馆提出的质量标准制定自身有关外包业务的质量标准,以便在外包实施过程中达到或超过质量标准,进而为外包业务提供质量保证。外包商的质量标准由于涉及具体业务的实施或产品的生产和加工过程,可能与图书馆制定的标准不尽相同,但其中定量的部分、直接影响最终读者服务的部分则不能低于图书馆制定的标准,否则最终交付的成果就会对图书馆造成不利影响,整个外包业务的质量也就不能得到保证。

4.3.3 质量控制

对上述外包商质量管理的情况了解之后,双方可以协调如何进行外包实施期间的质量控制,以便及时纠正实施过程中发现的质量问题。实施过程中的质量控制是事前控制和过程控制,可以在外包实施之前和实施过程中或服务初期发现问题并查明原因进行纠正,而不是等产品交付之后或服务已经进行很长时间后的事后或事中控制,有利于减少因个别环节的质量问题给整个外包业务的质量和进度带来的不利影响。实施过程中的质量控制是指在业务进行的不同阶段对已实施业务部分的质量监控,具体可由双方协商监控办法,确保图书馆能够随时了解有关质量问题,对于发现的质量问题采取了哪些措施和达到了什么效果等;对于驻馆外包业务,应由双方人员共同组成质量检查小组,定期或不定期地进行质量抽查或检查,发现问题后共同提出解决方案。这样做的好处是双方都是从各自的角度提出解决问题的方法,兼顾了实施方和使用方的利益,有助于后续外包的质量改善和顺利实施。

事实上,图书馆要想对外包业务的质量进行有效的管理和控制,除了解外包商的质量管理情况外,双方在实施过程中还要进行充分的沟通、交流和信息共享,将外包业务作为共同的目标来完成。对于图书馆来讲,本着读者满意为中心的原则,要将新的需求和发现的问题及时地反馈给外包商,以积极的心态向对方征询解决问题的办法;对于外包商来讲,以用户的需求为中心,及时解决用户提出的问题,要从实施过程的每个环节进行外包质量的控制,才能保证外包业务交付后达到质量标准。但外包商对于外包质量的意识和态度并不是图书馆可以完全把控的,虽然双方在合同签订时会对质量问题进行约束,但并不能避免由于外包商对于外包质量及其管理的疏忽而造成质量不达标的后果。因此,建立一定的质量报告制度是非常有必要的,不仅可以了解当前实施中的质量问题,还可以提醒外包商质量管理上的疏忽会带来成本的增加,从而使其更注重外包质量管理。图书馆可以和外包商协商,规定在外包业务实施中的某些节点、关键阶段提交书面质量报告;或者按时间,比如按每周、每月等时间段提交书面质量报告;也可以按业务完成的量,比如图书加工,每加工多少册出具书面质量报告等。报告的内容至少应包括报告人、时间、地点、质检方法、质检结果、出现问题的原因、拟进行解决的方法等。对于服务类外包,比如流通服务外包,还要增加读者(用户)投诉量、投诉的问题类别及解决办法等内容。质检过程最好由外包双方人员共同参与,但实践中也要根据不同的外包业务制定不同的质检方法和质量报告制度。例如,驻馆业务外包,由于图书馆外包管理人员可以直接参与外包管理,进行事前和事中的质量控制就要相对容易,图书馆管理人员可以方便地参与质检和出具质量报告;在馆外实施的外包业务就需要双方进行充分的沟通和协调,采取适当的、符合实际情况的、能起到质量督促和改进作用的质量控制方法。

4.4 外包关系管理

外包关系是指在外包业务中发包方与外包商之间的关系,图书馆的外包关系即在外包协议下图书馆与外包商间的联络和互动关系。图书馆和外包商如何管理双方之间的关系对双方的合作具有重要的意义,是外包最终成功与否的关键因素之一。在业务外包的实施过程中,有经验的外包商都会非常注重与客户间的关系管理,力求与客户建立相互信任、合作共赢的伙伴关系,并对已达成的关系进行协调和维护,进而赢得更多业务机会或客户对于其产品或服务的重复购买。在外包关系的管理和维护中,有一种错误的观点认为外包关系主要应该由外包商来管理和维护,因为他们是受益者,理应做更多的事情。

而事实上,如果图书馆在这方面没有主动意识,没有积极的心态,在外包实施过程中没有和外包商形成良好的互动机制,建立真正成功的外包关系,达成外包双方长期、稳定的合作伙伴关系也是不可能的,而合作关系的失败也会给双方造成伤害。因此,作为发包方的图书馆在实施业务外包时,应认识到外包关系管理的重要性及其影响因素,在外包实践的过程中及时发现分歧和沟通不畅的情况,主动努力增强双方的信任度,保持外包关系的和谐和顺畅,为外包的成功实施创造条件,也为后续的长期合作打下基础。

4.4.1 关系管理在图书馆业务外包中的作用

对于实施了外包的图书馆而言,在某种意义上,外包商是图书馆在业务或管理上的延伸,外包关系管理就是如何使这种业务或管理上的延伸能够尽可能地与整个组织的管理目标一致,并使这种关系在充分信任的基础上长期、稳定地发展,使外包双方都能够互相尊重、互相信任、互惠互利、共同发展。具体来讲,关系管理在外包实施过程中的作用有如下几个方面:

(1)节约业务外包成本。要实施任何一种新的外包业务,图书馆都需要选择新的外包商并与其建立外包关系,而评价和选择外包商就需要付出一定的成本。在外包实施过程中,图书馆还需要进一步了解和熟悉外包商的业务流程、技术、管理等各个方面,并与之进行协调和沟通;反过来,外包商也需要对图书馆的业务流程尤其是一些图书馆特有的业务流程和需求进行熟悉,有时还需要双方共同对外包人员进行培训,这些无疑也会带来一定的成本增加。同时,在与一个新的外包商合作时还会面临由于信息不完全对称而带来的外包质量或外包失败的风险。对于一项需长期进行外包的业务来讲,更换外包商除上述的成本和风险增加外,图书馆还要花费一定的精力在外包商的选择和评价上,因而减少了对其他更重要业务的关注;由于不同的外包商在技术、管理方面的能力和标准差异,也会给外包业务带来管理上的混乱,由此需要付出的隐性成本也不容忽视。如果在外包过程中,图书馆能够重视外包关系管理,有意识地发展同外包商间的长期合作和共赢关系,就会减少更换外包商的次数,而且由于外包双方不断增进的了解和彼此信任度的增加,不仅能够规避外包商的败德风险,还可以发现更多的互利互惠的合作机会,由此而带来的外包成本和风险的减少要大大高于进行外包关系管理时需要付出的成本。

(2)提高外包业务质量和效率。从表面上看,外包双方最初通过合同形成的是一种讨价还价的买卖关系,随着外包的实施,双方由于组织文化差异、能力、技术、对业务的理解和认识等的不同,不可避免地会产生冲突,如果不及时进行关系管理来化解这些冲突,随着业务的进行,双方人员就会产生情绪上的对抗和对立。此时,沟通不易进行,彼此信任度下降,整个外包过程可能只是机械地按照合同的既定条款执行,对于新发现的质量问题和标准问题,如何进行质量改进等也就不能充分地进行协商和协调,其结果是直接导致外包质量和效率的下降。对于图书馆而言,合同期满后还面临着需要重新选择外包商的问题。一般来讲,外包商为了赢得合同的续签,多数情况下在其利益许可的范围内,会尽量满足图书馆提出的要求,但是这种类似“被迫”的做法缺乏激情与创新,外包商仅仅是满足合同条款规定下的图书馆要求,不会为持续质量改进而积极、主动地采取相应措施,也不可能将其拥有的最新技术或其他资源应用于持续改进外包质量。也就是说,外包商为获得后续的订单或业务而进行的协作并不能代表其不会有机会主义的行为产生。如果图书馆在这一过程中有意识地进行关系管理,给外包商一定的理解和激励,随着合作的进行,双方关系的逐步密切、目标的趋于统一,彼此间的信息交流和共享更加流畅,较易形成以外包质量为目的质量文化意识,对保证外包业务的质量和后续的合作具有重要意义。此外,外包双方间的技术信息的流动也会对外包质量起到一定的促进作用。

(3)有利于外包双方更好地进行业务的长远规划。通过有效的关系管理,图书馆与外包商相互间的了解越来越深入,目标和价值观也趋于统一,实施过程中的冲突也越来越少,整个外包业务的流程、进度以及质量管理也会越来越顺畅,双方对于外包业务的理解会更加深刻,更容易合力把握外包业务的发展方向,更容易把外包业务纳入到彼此组织的整个管理范畴,进而根据各自的发展目标做出长远的业务发展规划。只有通过关系管理,双方确立了和谐、顺畅的外包关系,彼此对外包业务的管理才能融入整个组织的管理中,才能成为组织管理的"一部分",这是进行业务长远规划的前提。成功的关系管理,外包双方已不再将彼此间的关系视为短期的利益行为,而是从长远考虑的双方共赢的价值利益关系。

(4)有利于外包双方建立长期的伙伴合作关系。毫无疑问,外包关系管理的目的之一就是要建立长期、稳定的伙伴合作关系。外包关系管理事实上就是外包双方加强了解和深化合作的过程,在双方加强了解并建立了相互信任后,外包成功的可能性大大加强,如果前期的合作成功,则会激励双方扩大和深化业务关系,并视对方的业务为自己利益的一部分,从而促进双方设计长久持续的合作机制,进而建立长期的伙伴合作关系。

总的来说,注重并在业务外包中加强关系管理,可以使整个业务外包省钱、省时、省力,并在和谐、愉快的氛围中高效进行。当然,成功的外包关系需要外包双方的共同努力,靠图书馆单方面的努力是很难达成的。

4.4.2 影响外包关系的因素

对于外包商来说,外包关系管理的核心是提高客户的满意度和忠诚度,保证客户终身价值的最大化和企业利润的增长;对于图书馆来说,只有能够为外包商带来利润,外包商才会为其提供与之相称的产品和服务。外包双方对外包关系有着共同的愿景,能够在外包实施过程中进行积极的互动,才有可能获得成功的外包关系。因此,外包商和图书馆各自的某些特征、在外包业务中进行的相关活动都会对外包关系的成功造成一定的影响。这些因素主要包括：

(1)信任。信任是影响外包关系的重要因素，是维系和建立外包关系的必要条件，通过信任可以规避单纯依靠合同所无法规避的机会主义行为。外包双方彼此间出于某些原因在合作之初就具有的对对方的信任程度越高，越有可能减少机会主义行为的发生，从而较易于建立长期持续的合作伙伴关系。例如，图书馆基于对外包商的声誉、服务能力等的考察和评价，信任外包商具有按照其要求和预期完成某项业务的能力；外包商相信图书馆的外包业务需求稳定，能够及时支付外包业务款项，当业务如期保质交付时，就会赢得图书馆的续订等。初期的彼此信任，会加快双方更深层次的信任建立，也易于冲突发生时的合理解决。因此，信任的建立对外包关系的影响从合作之初就已经开始了。

(2)外包双方组织文化的差异。组织间的文化差异表现在员工价值观、组织规范、管理模式等的差异，以及对待技术、客户观念的不同。公益性是图书馆的本质属性，图书馆发展的终极目标就是如何利用有限的资源为读者提供更好的服务；营利性是企业的本质属性，企业通过向客户提供有价值的商品或服务获得利润才能生存发展。这可以说是图书馆和外包商在组织文化上的根本差别。这一差别在外包活动中具体表现为：图书馆以读者中心，以读者是否满意为评判标准，读者满意即为合格，影响读者服务的就需要改进；而外包商在外包过程中所投入的人力、物力等资源、执行的标准等都要保证其能够获得最低的利润。也就是说，图书馆关注的是读者，外包商更关注的是利润。因此，在外包实施过程中组织间产生冲突也就在所难免，如双方不能及时化解，将对外包关系产生直接影响。

(3)相互的依赖程度。在外包实施中，如果一方对另一方的依赖程度较高，有可能会增加双方协调的工作量，或者造成被依赖一方不顾另一方的需求而采取有利于自己的行为，或者彼此协调方式、方法不恰当，都容易产生冲突而对外包关系造成影响。例如，如果外包商对图书馆专业知识需求越多，即对图书馆的依赖程度越高，就需要与图书馆进行更多的沟通与协调；如果外包市场上从事该项外包业务的外包商数量很少，即图书馆对外包商的依赖程度较高时，外包商可能会认为自己对图书馆较为重要，而不顾图书馆的需求，采取对自己有利的行为。这些都会引发双方的冲突，从而影响外包关系。

（4）外包项目的特征。外包项目的特征包括项目规模和项目的技术复杂程度。外包项目规模越大，双方参与者越多，组织协调量也越大，外包过程也就越长，这些特点都将增加外包项目实施过程中冲突发生的可能性，进而对外包关系造成影响。同样，外包项目的技术复杂程度越高，外包双方在实施过程中的互动就越频繁，导致组织间和人际间的冲突也相应增加。

（5）图书馆缺乏对外包的有效控制。图书馆在外包实施前，如果缺乏对业务外包的控制和管理计划，外包开始实施后不能对外包进行有效的控制，极易造成外包商机会主义行为的发生，从而影响外包质量和进度。在这种情况下，一旦出现问题需要进行改善时，双方的信任度会出现下降，由于没有事前的计划和准备，容易产生业务上的混乱和冲突。

（6）外包合同的柔性。合同的柔性是指合同是否具有经济而快速地应对环境不确定性的能力，合同的条款是否体现了这种能力的存在，是否会适应某些影响外包业务实施的因素的变化。在外包实施过程中，外包双方内、外部环境不是一成不变的，而是动态发展变化的，可能会对外包实施前双方约定的合同条款产生影响，如外包业务量的增减、价格的变化等。柔性的合同意味着合同中规定了对于外包实施中有可能发生的变化如何进行合同变更的条款，这样，一旦情况有变，双方可以遵照合同条款快速做出反应，而不至于因变化了的情况与合同无法对接而产生冲突。因此，合同中的柔性条款会对外包关系产生影响。

（7）合同中对指标和标准的规定不够详尽。外包双方在合同签订时，由于对业务相关标准和指标的规定考虑不周，在合同中的描述不够详尽，在外包具体的实施过程中，容易对某些标准或指标的理解产生歧义，或者需要变更这些标准，从而引发组织间的冲突。对外包商来讲，指标或标准的变更会带来成本的增加，相应地就会减少利润；而对图书馆来讲，不符合标准的业务意味着会影响读者服务水平。这种情况下，对标准和指标的修正或调整意味着双方需要重新进行谈判，由其中一方或双方共同来承担损失，如果这种损失超过了双方可以接受的范围，对外包关系的影响将是非常大的。

（8）人的因素。包括外包双方高层管理人员的支持、外包管理人员的沟通技巧以及外包参与人员的特征等。双方高层管理人员对建立良好外包关系的愿景、支持和授权，会影响到各自参与外包的人员对待外包中出现的冲突的态度，影响双方组织间和人际间的关系，进而影响外包双方的整体关系。此外，双方外包管理人员的沟通技巧，参与外包人员的个人特征，如性格、特长等也会对外包过程中双方的关系产生影响，尤其是驻馆外包，外包人员的个人特征对外包关系的影响更为明显。

4.4.3 如何进行有效的外包关系管理

外包关系管理的实质是外包双方以共同利益为纽带建立一种相互信任、共同创造价值的长期的伙伴合作关系，这种关系将外包商与图书馆紧密地联系在一起，为双方实现双赢、进行持续合作打下基础。成功的外包关系，有赖于外包双方能否共同发展、协调、管理和培育这种关系，有无维护好这种关系的共同的愿景，能否在外包实施过程中进行真诚的互动。国外学者 F. Warren McFarlan 和 Richard L. Nolan 曾将外包关系比喻为婚姻，认为外包关系“进入容易，维护和解除难”①，从一个侧面反映了建立成功的外包关系需要双方付出的努力，以及失败的外包关系需要承担的风险。这里仅从图书馆的角度讨论如何进行有效的外包关系管理。

（1）图书馆必须了解和保证外包商有一定的利润空间。通常来讲，作为买方，往往希望以最低廉的价格获得最优质的产品或服务，但在签订合同或付款成交之前，买方却忽略了一个问题，卖方为什么要以如此低的价格同意成交？低价真能带来优质产品或服务吗？事实是，低价并不能带来优质产品或服务，这有点像我们平常所说的“一分价钱一分货”。过低的价格会导致卖方为避免亏损或获得利润，利用信息的不完全对称在产品或服务方面减少投入，其结果是提供的产品或服务总会存在某些方面的质量问题。如果卖方在第一次交易中获得的利润太少甚至零利润，而买方也没有给予卖方未来交易可能营利的承诺，或者说卖方并没有在此次的交易中发现这样的趋势，那么双方后续就几乎没有再次合作的可能。图书馆的外包业务也是如此。图书馆一定要明晰究竟需要外包商提供什么品质的产品或服务，此类品质的产品或服务市场价是什么？最低价是多少？外包商的利润空间有多大？无论实施外包的目的是什么，即便是希望通过外包来降低成本，都要考虑为外包商留有一定的利润空间，保证外包商能够在持续的合作中获得利益，真正实现双赢，这既是保证外包质量的必要，也是双方能够持续合作的基础。甚至在有些情况下，图书馆的“让利”行为会激励外包商提高产品或服务质量，使得双方信任度进一步加强，为外包关系的良性发展创造条件。

（2）设计柔性的外包合同。外包合同是外包双方为未来外包实施而设计的规范双方行为的契约。由于外包环境的不确定性、信息的不

---

① F. Warren McFarlan, Richard L. Nolan. How to Manage an IT Outsourcing Alliance [J]. *Sloan Management Review*, 1995, 36(2).

完全对称、缺乏经验等，随着外包的实施，初始的刚性合同条款必然会不适应环境和其他情况的变化，从而引发冲突，对外包双方的关系产生影响。设计柔性的外包合同以适应这种变化，更有利于双方对发现的问题进行充分协调，从而减少冲突的发生。

柔性合同的设计主要是为了应对外包实施过程中可能出现的不确定因素，因此，柔性合同中通常会包含允许对合同进行修改的条款、允许对合同进行重新谈判的条款、通过激励机制赋予外包商一定的变更权力的条款等。在外包实践中，下面几种类型的合同是常见的增加合同柔性的方式：

激励性合同。在外包合同中增加激励性条款，根据合同的执行效果决定最终支付的报酬和承担的风险，鼓励外包商在提高外包质量和外包效率方面增加投入，把合同执行效果和最终获得的报酬直接挂钩。对于那些难以监督外包商行为的外包业务来说，激励性合同事实上等于赋予了外包商一定的权利，在保证外包质量和效率的前提下，可以不受合同的约束，自行决定某些外包行为，如选择更新的技术，采取提高效率的其他生产或服务方法等。

分阶段执行的合同。将长期合同分解成分阶段执行的合同，根据前一阶段合同的执行情况来确定或修正下一阶段执行的合同或条款。分阶段执行的合同给外包商改进合同前一阶段执行中出现的问题提供了缓冲，也为双方进行阶段性的质量、效率等的总结和沟通划定了确切的时间。分阶段执行的合同事实上也包含着激励的成分，可以在前一阶段的合同中加入激励性条款，鼓励外包商在前一阶段合同执行中达到某种效果时而执行下一阶段合同的某些奖励性条款。

合同变更协议。在外包活动中，由于环境因素和其他因素的变化，导致外包执行过程中需要就合同某些条款进行重新谈判，如果在初始合同中没有约定变更条款，启动重新谈判往往会对外包关系造成影响，因为这意味着双方或其中一方没有事先的准备，可能会因重新谈判带来预期之外的成本。因此，在初始合同中增加在一定条件下可以对部分或全部条款进行重新谈判的条款,也能够增加合同应对环境变化的能力。

柔性合同使双方能够为外包中可能出现的不确定因素提前有了思想上的准备,甚至在投入和成本的增加上也有一定的预期,当出现了不利于任何一方的情况变化时,能够理性地进行协调和沟通,减少了冲突发生时的敌对和不信任情绪,因而更有利于良好外包关系的建立。

(3)让具备管理才能的人员加入外包管理组织。在大多数情况下,图书馆更注重让似外包业务的技术骨干人员参与外包管理,这些人员业务熟练,有着丰富的经验,对于外包关键流程的管理发挥着重要作用,缺陷是停留在技术管理的层面,不一定具备管理整个外包流程和协调外包关系的能力。因此,在外包管理团队中,应根据外包的规模,选择至少一名或多名具备一定沟通技能、善于维护外包双方关系、协调整个外包流程的人员参与管理。在管理团队内部,要使每个成员认识到关系管理的重要性,防止因为成员个人偏见产生冲突。

(4)建立信任。信任是影响外包关系的重要因素,在外包冲突中起着积极的调节作用,从外包一开始就影响着双方关系的发展。因此,外包双方应积极地通过各种途径来构建信任。对于图书馆来讲,初期对外包商进行评价,直至选定外包商,就已经对外包商建立了初始的信任,这一时期的信任是基于对外包商声誉、能力等方面的评价,相信外包商能够满足图书馆的需求。在此基础上,在接下来的外包实施过程中,双方还应通过提高原有的声誉、加强沟通和信息共享进行持续信任的构建。我们往往强调外包商的声誉对业务外包的重要性,事实上,图书馆在外包过程中也应注意巩固和维护自身原有的名声和荣誉,以增强外包商的信任度。在双方的合作关系中,沟通应该说是建立信任最有效的手段。图书馆应开辟多种沟通途径,通过正式或非正式的途径进行组织或人际交流和互动,沟通的内容可以是和业务有关的,也可以是和业务无关的情感交流。正式的沟通途径可以通过建立管理层面上的定期对话机制,从制度上为双方创造交往和互动的机会,增进组织间的了解和信息共享。在正式的沟通中,双方除外包过程中的问题进行沟通外,还要能分享到外包业务管理的经验,产品或服务的技术知识以及与外包业务有关的其他知识。非正式的沟通可以通过不定期地举办由双方人员共同参加的各类文体活动,促进和激发友好的、正面的、积极的情感反应,化解合作中的障碍和冲突。不要忽视了非正式沟通的作用,它是拉近外包双方人员情感距离的最好方法。

(5)从细微处做起。关系管理并不仅仅是外包项目管理人员或高层管理者的事情,而是关系到参与外包的所有人员,对于驻馆外包来说,还关系到图书馆的每一位馆员,因为他们都有可能与外包人员进行工作上的接触。图书馆要从细微处做起,培育关怀型的合作文化,让外包人员时时刻刻感觉到他们也是图书馆的一员。例如,在开会研讨或工作场所的称呼用语中,要避免使用将外包人员称为"你们公司"等区分为不同组织的用语,而应使用类似"我们"或"咱们"等能体现同属一个集体的用语;对于驻馆外包人员在着装上要与馆内人员相同,与馆内人员共同参加图书馆组织的各类活动,享受同等的绩效奖励等。这些看似微不足道的做法,能使外包人员快速融入图书馆的整体管理和文化氛围中,有助于双方人员目标的尽快统一,提升驻馆外包人员的归属感。

一项外包业务的成功实现意味着图书馆和外包商都达到了各自的目标,最终的用户——读者也能够从中受益,接受更加优质的服务。对外包过程的有效管理是促成外包成功的重要手段。然而,有一点是我们必须要清楚的,再好的管理方式和方法也无法弥补由于外包规划失误(外包范围和业务确定失误)和外包商选择失误造成的损失,因此,从开始考察是否要实施外包开始,每一个步骤都是非常重要的,既要把外包放在战略的高度进行长远的规划,也要从战术的角度进行细致的考察、分析、筹备、管理,才有可能达到预期的目标。

5 图书馆业务外包的发展趋势

图书馆业务外包是图书馆事业发展到一定阶段后出现的,是社会分工在图书馆领域的发展与表现。而随着图书馆事业的不断向前发展,图书馆业务外包也将呈现出不同的发展趋势。

5.1 图书馆未来的发展趋势

要探讨图书馆业务外包的发展趋势,首先必须分析图书馆未来的发展方向。图书馆业务外包是为图书馆服务的,是以图书馆的发展为导向的。因此,这里我们首先对未来图书馆的发展做出探讨。

5.1.1 新定位、新职能

早在1996年数字化时代到来之际,美国就在“本顿报告”(Benton Report)中对图书馆未来、定位和功能提出了新的观点,认为:图书馆的未来应该是实体和数字化资源的“复合体”,图书馆应该扮演着维持信息获取自由平等的社会功能,而且,由于图书馆的用户面临流失,经费支持有所下降,图书馆的定位应该是“社区学校合作者”“公共服务媒介”①。意指图书馆应该与电视、广播、社区网络、当地的非营利性机构等其他提供公共服务的信息机构建立合作关系。

此后,在2003年,英国政府部门发布的“未来框架:未来十年的图

① Benton Foundation. Building, Book, and Bytes: Libraries and Communities in the Digital Age[EB/OL]. [2014 - 10 - 12]. http://benton.org/archive/publibrary/kellogg/buildings.html.

书馆、学习及信息”（Framework for the future：libraries，learning and information in the next decade）中也提出了相似的意见[①]：图书馆不仅要体现自由、平等、民主的服务理念，还要扮演着提高社会阅读水平及提供终身学习技能的角色，图书馆应该在既有功能上再发展完善，体现公共价值并提供独特性服务，与社会其他部门形成合作互补关系。

近几年，我国图书馆界也对图书馆的定位、功能、作用等展开了广泛研讨，成果有2008年中国图书馆学会发布的《图书馆服务宣言》等。大家普遍认为，作为公共文化服务体系的重要一部分，图书馆具有保存人类文化遗产、履行社会教育职能、保障公民文化权利、传播社会信息、缩小信息鸿沟、消除信息歧视、支持社会各领域的文化创新以及提供公共文化娱乐活动的作用[②]。

综上，我们认为，图书馆在未来人类社会中将发挥越来越重要的作用，对于图书馆定位职能方面的发展趋势，可以概括为以下几个方面：

（1）图书馆作为信息资源中心

信息资源一直是图书馆存在和发展的基础。过去，信息的主要载体是图书，图书馆的馆藏资源几乎都是纸本资源。而在信息社会，信息的产生方式、载体各式各样，人们获取信息的途径也十分广泛，并且在不断扩展。发展至今，信息资源大致可分为实体的和虚拟的。在虚拟资源出现之前，信息、知识作为内容和其载体是一体的，如借了一本书，那本书的内容就是固定在纸上的。其他不管是图册、唱片，还是缩微胶片，也都是如此。而虚拟资源的载体与内容却是可以分离的，借了一部电子书阅读器，其中的电子书内容却可以通过锁定或开放阅读权限来控制更新。

---

① 柯平等．社会公共服务体系中图书馆的发展趋势、定位与服务研究［M］．北京：国家图书馆出版社，2011：3.

② 柯平等．社会公共服务体系中图书馆的发展趋势、定位与服务研究［M］．北京：国家图书馆出版社，2011：21.

当前，图书馆的馆藏结构正在发生巨大的改变。一方面，馆藏实体资源不断丰富。现在，在图书馆的馆藏资源队伍中，纸本资源虽然依然占据主体地位，但已不再是一枝独秀，也有其他各种形式的实体资源。如上海图书馆就将家谱、尺牍、月份牌、香烟牌子等纳入了图书馆藏品的范围。而在美国还出现了一些种子图书馆[1]，主要是收集当地作物的种子供图书馆用户借用或交换，这样做的不仅有公共图书馆，如加州的列治文公共图书馆（Richmond Public Library）和佛罗里达州的新里奇港公共图书馆（New Port Richey Public Library），也有高校图书馆，如罕布什尔学院（Hampshire College）的种子图书馆，此外还有网上种子图书馆，如哈德逊山谷种子图书馆（Hudson Valley Seed Library，网址为 www. seedlibrary. org）。

另一方面，随着互联网的日益普及，人们对于虚拟资源的热情正在不断增加。数字资源异军突起，逐渐占据了馆藏资源的半壁江山，甚至在某些特别领域，数字资源已经取代了纸本资源的地位，成为馆藏资源的主体。

图书馆作为信息中心还意味着更多的发展可能。如图书馆所提供的信息服务也不再是停留在“书皮”层面，对馆藏资源内容的二次甚至多次开发利用逐渐成为常态。图书馆可利用固有的资源优势为企业等机构提供情报服务，成为企业发展的智囊团。另外，图书馆不但在保存和传播各种信息资源，甚至还在为人们创造信息提供场所和其他支持，如创客空间。

(2)图书馆作为学习研究中心

图书馆作为学习研究中心主要反映的是图书馆的教育职能。教育主要分为学校教育、家庭教育和社会教育。而图书馆是社会教育中最为重要的一部分，是人们开展终身学习的重要场所，对于建设学习

---

① Wikipedia. Seed Library[EB/OL].[2014 - 10 - 12]. http://en. wikipedia. org/wiki/Seed_library.

型社会有着极为重要的意义。

当前,越来越多的图书馆正在规划设立或已经设立了学习共享空间,并且将之作为图书馆的中心所在。美国国会图书馆麦迪逊大楼的大门口门牌标注的是“学习中心”(learning centre)。有的图书馆则在对老馆舍重新进行规划改建,把之前的藏书库改建成更加多样化的学习共享空间。在这一开放的空间中,桌椅等是可移动的,人们可以根据需要灵活组合成不同的学习区域。图书馆在其中配备了电脑、打印机、扫描仪等各种设备,还有参考馆员随时为用户提供帮助。

此外,图书馆还可以发挥更多作用,比如和中小学校、高等学校以及其他教育领域的相关机构建立合作关系,把各类教育机构的资源整合起来,实现线上线下的共享交流,使之成为一个有活力的教育生态系统①,而图书馆,就是这个教育生态系统的公共学习生态中心。

(3)图书馆作为文化交流中心

和传统图书馆相比,图书馆作为信息资源中心和学习研究中心是一种拓展延伸,而图书馆作为文化交流中心,更多的体现了一种创新。图书馆是人与人交流的最佳场所,现在人们在谈及图书馆时,广为流传的“图书馆是大学的心脏”“图书馆是市民的第二起居室”“图书馆是城市的第三空间”等观点,就充分体现了图书馆在这方面的重要性。

图书馆是活的,而不是只作为一个摆设而存在。人气就是检验图书馆活力的一个重要标准。那么,图书馆要考虑的是,如何把人吸引到图书馆来?如何让人们爱上图书馆?现在,很多图书馆都在热火朝天地举办各种讲座、沙龙、展览、演出等,成效十分明显,这些活动拓展了人们对于图书馆的认知,不但实现了人们陶冶情操、娱乐休闲的需求,也在很大程度上促进了文化交流。

随着社会发展和人民生活水平的提高,人们在文化交流方面的需

---

① 刘锦山,刘剑英 . Means:创造图书馆的无限可能[DB/OL].[2014 - 10 - 13]. http://www. chinalibs. net/ArticleInfo. aspx? id = 360885.

求将更加强化,而图书馆在这方面的功能也将变得日益重要。颜务林等提出,未来图书馆的核心职业是知识交流①,如讲座、沙龙等。吴建中指出,图书馆的空间和功能将变得更加重要,未来的图书馆读者不仅仅是一个消费者,更可能是一个信息专家②。因此,读者会更期待与图书馆建立一种更为亲密的关系,让双方能够互动起来。要实现这一点,图书馆除了要主动分享知识信息,还应在社会参与方面予以高度重视,以开放的理念加强和广大读者及其他团体或机构的合作,不断推动对话和交流,成为人们社会生活中喜闻乐见、不可或缺的一部分。而这也将为图书馆的核心竞争力提供新的增长点,使之能在未来继续存在并发展,坚定地立于不败之地。

5.1.2 服务多元化

图书馆作为信息资源中心、学习研究中心和文化交流中心的功能是统一的。直观点说,就是人们既可以在图书馆获得各种信息资源,包括纸本资源和数字资源,也可以利用这些资源开展学习研究,还可以到图书馆聚会,参加图书馆的展览、讲座、演出等活动,丰富自己的文化生活。要实现图书馆的这些功能,就需要图书馆提供的服务不断拓展,向多元化发展,才能更好地满足不同用户群体的多种需求。

在诸多的图书馆服务中,借阅服务是图书馆最基础的一项服务,也是人们最为熟知的。在互联网环境下,借阅服务正呈现着多元化的发展趋势。现在图书馆可供借阅的馆藏资源有纸本的、非印刷型实体资源,还有数字虚拟资源;人们可以到馆借阅,也可以远程在线获取,或者选择送书上门服务,还有街头路旁的 24 小时自助图书馆。而北京、上海、厦门、重庆等多地的图书馆已经实现一卡通联网,读者只需

---

① 颜务林,李亚芬. 后现代图书馆的职能定位——对“图书馆是学习中心”这一命题的学理分析[J]. 新世纪图书馆,2013(3):6-9.

② 吴建中. 转型与超越:无所不在的图书馆[M]. 上海:上海大学出版社,2012:64.

一张读者卡就可在网内任何一家图书馆进行图书的通借通还，此外读者还可以利用手机图书馆、微信平台等随时随地查看账户的借阅状况，进行图书续借，十分方便。

进入数字化时代后，人们对借阅等基础服务依然有着广泛的需求，但同时人们也在期待图书馆能够提供其他更多服务，尤其是和互联网等新技术相关的。美国皮尤研究中心在"数字时代的图书馆服务"调研报告中指出，80%的用户认为图书馆提供的借阅及参考咨询服务非常重要，77%的用户认为图书馆提供的免费使用计算机及互联网服务非常重要。另外，用户最希望图书馆能提供的其他服务依次为：虚拟参考咨询，基于用户的图书馆使用习惯来制定的馆藏资源主动推介方案，在社区中设置图书借还机或可借阅图书、电影、音乐的小型空间，使用移动应用程序（App）获取图书馆馆藏资源和服务情况，帮助用户定位馆内资源的移动应用程序①。

图书馆是公共文化服务体系的重要组成部分，而文化有着极为宽泛的意义，在善于创新、发现的人眼中，图书馆服务还有更广泛的内容。图书馆也可以通过独特的服务让人们认识到图书馆的价值，如美国西弗吉尼亚州最小的图书馆——南区公共图书馆（Southern Area Public Library，简称SAPL），规模十分小，只有两名正式馆员，全年预算不到3.5万美元（大约合21.59万元人民币），但却凭借杰出的服务获得了全美2013年"最佳小型图书馆"奖②。"大胸怀运动"（Big Heart Campaign）就是这个小小的图书馆推出的一项特别服务。这是一个慈善性质的活动，每个月SAPL都会选择一个不同的慈善机构合作开展这项活动。该活动的第一次就是为联合国儿童基金会（UNICEF）集资捐款，后来还曾为镇上收容所的孩子们特别准备了许多份"盒子里的

① 皮尤网．皮尤研究中心发布《数字时代的图书馆服务》调研报告[DB/OL]．[2014-10-13]．http://www.chinalibs.net/ArticleInfo.aspx?id=346438.

② 李忠东编译．SAPL：美国2013年最佳小型图书馆（上）[DB/OL]．[2014-10-22]．http://www.chinalibs.net/ArticleInfo.aspx?id=361462.

生日派对"礼物，让这些无家可归的孩子能够感受到更多关爱。在畜牧业十分重要的美国堪萨斯城，那里的公共图书馆特别开设了"如何屠宰一只猪"的课程。而在美国的临海城市，一些图书馆正在与洪水控制机构合作，每当下大雨时，图书馆就会测量、记录雨量，达到警戒线时，图书馆就会示警当地的居民不要再冲马桶，因为如果大家一起冲马桶的话，容易引发洪水①。

5.1.3 馆员专业化

随着社会环境和图书馆职能的变化，人们越来越认识到，图书馆不仅仅要坚持读者至上，也要强调以馆员为本。因为图书馆的工作都是由馆员来执行完成，是馆员在为读者提供图书馆的各种服务。馆员是图书馆的灵魂，是图书馆的第一资源，如果说没有读者图书馆就没有存在的必要，那么没有馆员的话图书馆就无法发展。

在谈及馆员专业化的问题时，我们常常以美国为范例。图书馆员专业化的观点最早出现在美国，这可远溯至19世纪中叶由杜威大力倡导推行的图书馆学教育，而同时期成立的美国图书馆协会在此后的时间内对图书馆员专业化发展更是起到了无可替代的重要作用。如今，美国已经形成了较为成熟的图书馆员职业资格制度，表现在：将图书馆工作人员划分为专业馆员和图书馆辅助人员，专业馆员要在图书馆员工中占有一定的人数比例；专业馆员必须取得图书馆学硕士学位，通过美国图书馆协会的从业资格认证。

图书馆职业是一个专业性特征很强的行业。但在我国，图书馆员曾被误解为是"图书保管员"，馆员这一职业往往得不到应有的尊重和社会认可，缺乏职业荣誉感和成就感，人员素质参差不齐，职业倦怠普遍存在，结果导致图书馆事业发展严重受阻。这些问题现在依然

① 刘锦山，刘剑英．Means：创造图书馆的无限可能[DB/OL]．[2014-10-22]．http://www.chinalibs.net/ArticleInfo.aspx?id=360885.

存在。

不过令人欣喜的改变也在发生。2014 年中国图书馆年会以“馆员的力量:改革 发展 进步”为会议主题,展现了国内学界在图书馆员专业化方面的意识正在不断增强。现在,图书馆员常被人们形容为“信息导航员”“知识服务者”“读者可信赖的伙伴”“用户问题的解决专家”,角色定位的变化也带来了对馆员要求的提升,馆员的专业化发展正越来越被业界所重视。图书馆界在图书馆员培训、职业资格认证、图书馆学教育方面展开了广泛的探索实践,馆员的职业准入门槛和任职资格制度正在逐步建立,不再是随便任何人都可以进入。这些改变极大地推动了我国图书馆职业的专业化建设。

在关于馆员专业化的探讨中,有两个方面受关注度最高:一个是馆员的图书馆学专业知识和技能,另一个是馆员作为图书馆行业从业者的职业精神。最近十几年中,很多高校的图书馆学专业院系纷纷更名为“信息管理系”“信息资源管理学院”等,显示了新时期图书馆行业与信息技术的密切关系,强调了图书馆员的信息素养。除了图书馆学教育的变化,图书馆员职培训与继续教育也颇受重视。图书馆管理工作走向“以人为本”,图书馆越来越鼓励支持馆员开展学术研究,参与国内外交流。馆员的工作环境日益改善,各种新技术引进到图书馆中,大量人力从简单的、重复的、机械化的工作中得到解放;岗位进一步被细化,事务性工作由辅助人员承担,专业馆员能够集中精力投入到图书馆核心业务的发展上,图书馆效益得以大幅度提升。而在职业精神方面,“图书馆精神”“图书馆核心价值”得到广泛认可,包括中国在内的众多国家都已出台了“图书馆员职业道德准则”。种种变化表明,图书馆员专业化发展已是一种必然趋势,图书馆员的整体专业素养正在不断提升,这对图书馆事业的发展来说显然十分有利。

5.1.4 管理企业化

这里的管理企业化指的是在图书馆中引入先进的企业管理理念

和方式，而非让图书馆完全转化为自负盈亏的企业，变成以营利为目标，实行有偿服务。

目前，一些先进的企业管理理念已经逐渐进入了图书馆，如“以人为本”的管理模式已得到了图书馆的普遍认可，而且实践成效显著。还有在美国图书馆中普遍采用的理事会制度、绩效考核制度等。尤其是在“新公共管理”思潮出现后，欧美各国纷纷对公共部门管理体制改革，采用企业的成功管理方法和竞争机制来提升公共部门的绩效，图书馆也不例外。美国、英国、日本各自发布了允许图书馆委托管理、业务外包的政策，图书馆在这方面展开了积极而广泛的探索，有失败的，但成功的更多，总体而言对图书馆的影响利大于弊。由此，在图书馆引入企业化管理模式被人们普遍认可，新加坡也在 1995 年成立了新加坡国家图书馆管理局，既代表政府行使行政管理职能，又在管理上拥有较大的自主权，在图书馆中引进市场竞争机制，以合理的价格提供公共性服务，成为图书馆采用企业化管理模式的一个成功范例，被国际图书馆界誉为“新加坡经验”①。

图书馆是非营利性机构，和营利性企业有着本质的区别，但二者在管理理念和方式上却存在共通之处。企业在成本管理、竞争力管理、用户关系管理、市场营销管理等方面具有较大的优势，十分值得图书馆借鉴采纳。图书馆可引入现代企业经营管理方法中的成本意识、竞争观念、市场营销策略等，用企业的眼光和市场营销手段来经营图书馆的产品②，提高用户的黏着度和满意度，为图书馆创造最佳社会效益。

如在用户关系管理方面。作为新时代的信息导航员，图书馆应发挥自己作为信息资源中心和在信息资源整合加工方面的优势，主动为

---

① 陈华. 图书馆内部企业化管理模式的适度运用[DB/OL]. [2014-10-13]. http://www.chinalibs.net/ArticleInfo.aspx?id=180680.

② 李英. 图书馆企业化管理研究[DB/OL]. [2014-10-13]. http://www.chinalibs.net/ArticleInfo.aspx?id=174473.

用户提供个性化的、高品质的信息服务。但在繁复浩瀚的信息海洋中，人们的信息需求各不相同，如果没有明确的目标就很可能出现事倍功半的结果，因此这就需要图书馆对服务对象的需求有较为精准的了解。图书馆可建立用户信息管理系统，将用户的基本信息如年龄、学历、职业、借阅状况等进行整合分析，分成不同用户群，然后量身定制个性化的服务。另外，还要重视对用户进行满意度等调查，创建以用户为主导的服务质量评价机制，根据用户反馈意见对图书馆的服务方式、服务内容等进行调整拓展，增加图书馆的人气。

图书馆是公共文化服务机构，经费来自公共资金，在经费分配、使用方面更要有严格的制度规范。但企业管理中的成本管理、绩效意识却也是图书馆界最为缺乏的。国内外很多图书馆人都曾表示，成本管理是整个图书馆管理中最薄弱的一个环节①。为此，国际图书馆界广泛借用了企业的管理模式和规范来考察图书馆的社会效益，如供应链管理理念强调在提高对用户的服务水平的同时降低图书馆的运营成本，其中，图书馆各部门之间的信息沟通与共享十分重要，这样才能使供应链的各个环节快速实现有效反应，从而最大限度地降低成本并满足用户需求。

和欧美国家相比，我国图书馆在采用企业化管理方面进程稍为滞后。我国图书馆属于事业单位，不同类型图书馆分属不同系统管理，彼此之间壁垒严明，受到长期计划经济和行政管理的影响，多数图书馆缺乏发展活力，绩效意识严重不足，难以适应目前市场经济的需要。面对这些困境，我国图书馆界已有清醒的认识，近年来图书馆管理体制改革的呼声越来越高，企业化管理模式日受重视。詹长智直接指出，“只有采用企业化的经营管理和运作模式，激活图书馆的各项服务机能，使图书馆的社会效益充分发挥出来，图书馆才能恢复它的生机

---

① 吴建中．新常态下图书馆联盟的新课题[DB/OL].[2014－10－14]. http://www.chinalibs.net/ArticleInfo.aspx? id=360505.

和活力”。“把图书馆从传统事业单位转变为企业化的管理模式，由政府向社会机构购买服务，更有利于监督和掌控服务的质量，提高运行效率”①。在他担任海南大学图书馆馆长期间，所做的第一件事情就是引进 ISO 质量标准，在图书馆内推进全面质量管理，并在一年后成功通过专业机构的外部审核和认证，获得 ISO9001 证书。这一创新举措规范了海南大学图书馆的业务流程，强化了馆员的服务质量意识，得到了用户的广泛好评。

企业化管理在图书馆的应用十分广泛，如数字图书馆的企业化运营已成为业界广为认可的发展模式。数字图书馆建设需要投入大量资金和人力，对技术能力要求也较高，是很多图书馆所无法独力承担的。因此，图书馆可以寻求与业内外其他机构的合作，采用共建共享的方式来建设数字图书馆，或者直接将这一业务外包给其他机构，如数据库商。此外，我国一些图书馆也在效仿美国图书馆的理事会制度探索图书馆法人治理建设，如深圳图书馆、上海浦东图书馆。总之，图书馆管理企业化的实质是让图书馆充分利用社会的资金、运营方式和技术能力等，以较低的成本实现更高的质量、更好的服务和更高的效率。

5.2 图书馆业务外包的发展趋势

尽管人们对于图书馆业务外包仍存在一定争议，但从当前现实发展来看，图书馆业务外包正处于上升发展阶段，其应用越来越广泛，得到的关注也越来越多。

---

① 刘锦山，崔凤雷．詹长智："企业化运作，公益化服务"——图书馆发展面临第二次重大变革[DB/OL].[2014-10-14].http://www.chinalibs.net/ArticleInfo.aspx?id=355687.

5.2.1 图书馆业务外包的发展前景

图书馆业务外包是在20世纪中后期才开始发展起来的,目前约有30多年的历史,在我国起步更晚,从2006年以后才开始得到较为广泛的应用。这一时间恰好也是信息社会的形成时期,信息技术的发展和互联网的普及让读者的阅读方式、文化需求发生了重大改变,传统的以书为中心的图书馆业务流程变成图书馆事业发展的阻力。图书馆要向前发展,就必然要以人为中心,以用户需求为导向,对原有业务流程进行重组,并开发出新的业务和服务。

随着信息社会的不断发展,图书馆作为信息中心、知识中心的重要性日益显现,但在现实发展中,图书馆首先面临的却是巨大的生存挑战。用户信息行为的多元化发展,信息量的激增,信息储存传播形式的日益更新,以及通信技术的高速发展,给图书馆带来的挑战也是越来越严峻。文化信息服务领域已不再是图书馆独占鳌头,互联网、书店、咖啡厅……越来越多的机构在分流掉图书馆的用户。人们获取信息的首选不再是图书馆,甚至人们无需通过图书馆就可以获得自己所需的信息。和互联网等相比,图书馆的公共文化服务的形式太单一,内容太匮乏,难以满足民众不断变化的多方面的需求,这在中国等广大发展中国家表现尤为明显。

穷则变,变则通。基于这些现状,对图书馆的管理运营进行改革的呼声不断增强。图书馆需要一次新的变革,转型已经成为图书馆界的共识,美国图书馆协会从2012年开始连续三年年会主题保持不变——"Transforming Our Libraries, Ourselves"(改变我们的图书馆,改变我们自己)。人人都在期待一个更加新鲜、更加多元的图书馆。

图书馆要求生存、求发展,要在业务和服务上与时俱进,不断创新。而图书馆业务和服务的不断丰富,对图书馆的人力、财力、物力又提出了更多、更高的要求,尤其是经费方面。因为当前图书馆多由公共资金提供资助,政府财政拨款是非常重要的经费来源,在此情形下,不同时期、不同地区的图书馆能够得到的经费就不尽相同，而大多数图书馆总是无法获得充裕的经费支持。而且，从全球大环境来看，越来越多的图书馆在面临着经费低增长或零增长的发展态势，吴建中称这一形势为图书馆的“新常态”。他指出，“新常态已经成为欧美的一种价值观念和共同意识”，而中国图书馆的“新常态”也已到来，这也促使广大图书馆人越来越重视从绩效的角度来重新审视图书馆常规项目①。综合这些因素，仅凭图书馆一己之力要获得更好的发展显然举步维艰，寻求合作势在必行。“大家都去做自己最擅长、最具优势的事情，这样我们可以降低成本来取得最大的效益”②。而图书馆业务外包就是这一思维的具现，图书馆业务外包具有节省业务成本、提高图书馆服务效益等优势，对于图书馆事业的发展能够起到较好的促进作用。而图书馆的未来发展趋势也为图书馆业务外包提供了一个较为开放的社会环境，从长远来看，业务外包在图书馆领域也将出现更大的发展空间。“未来，业务外包依然会成为图书馆利用外部资源改善自身竞争力和适应不断变化的环境的重要手段”③。可以肯定的是，业务外包在图书馆的发展扩增将成为一种必然趋势。

5.2.2 图书馆业务外包的种类和形式

随着图书馆事业的不断发展，业务外包的种类和形式也将越来越灵活多样。

业务外包进入图书馆领域时，图书馆已经形成了较为成熟的业务流程，主要包括采访、编目、典藏、流通、阅览、参考咨询等。在传统图

---

① 吴建中．新常态下图书馆联盟的新课题[DB/OL]．[2014－10－14]．http://www.chinalibs.net/ArticleInfo.aspx? id＝360505.

② 刘锦山．陈凌：探索 CALIS 转型之路[DB/OL]．[2014－10－14]．http://www.chinalibs.net/ArticleInfo.aspx? id＝357813.

③ 刘锦秀．图书馆业务外包发展趋势探讨[C]//中国图书馆学会编．中国图书馆学会年会论文集（2014 年卷）．北京：国家图书馆出版社，2014：11－17.

书馆中，编目采访工作在图书馆整个业务流程中占据决定性地位，代表着图书馆的核心价值，是图书馆的核心业务。但这一情况在进入信息时代后发生了改变。编目是按照一定的标准和规范对文献信息资源进行处理，非常适合应用计算机技术，因此在互联网出现后被迅速自动化、网络化，解放了大量人力。之后编目更是成了最早采用外包的图书馆业务。

最初，人们对于编目外包异议不断，最主要的就是担心这些本属于图书馆核心业务的工作外包出去后，会影响到图书馆的根本，同时也担心这些业务外包后质量得不到保证。但时至今日，事实证明，这些业务外包所带来的利远远大于弊，编目业务的外包不仅没有削弱图书馆的核心竞争力，而且为图书馆节约了成本，提高了效率，使得图书馆可以为高附加值的服务提供更多的人力资源支撑。胡越在2006年关于图书馆业务外包的探讨中就指出，图书馆业务外包是一个主流趋势。图书馆业务工作的社会化或者说图书馆业务工作的外包起源于20个世纪90年代，从编目工作开始，陆续探索开展了安全防卫、物业管理、采访工作、服务器托管等多种多样的业务外包工作，外包为图书馆业务工作的发展提供了新的平台和空间①。事实胜于雄辩，随着图书馆业务外包实践的发展，图书馆对于业务外包的作用和价值有了更为客观的认识。

作为良性反应，在业界的态度出现改变后，图书馆业务外包的发展也更为迅速。业务外包逐渐扩展应用到图书馆业务流程的其他各个环节，如采访业务、流通业务等。而随着图书馆事业的发展，直面读者的服务工作在图书馆工作中越来越重要，编目采访的核心业务位置也逐渐被其他图书馆工作取代。现在，编目采访采用外包已成为图书馆界的普遍做法，而物业管理、图书加工与上架在图书馆业务外包中

① 贾蕾．探讨图书馆业务外包 馆长沙龙第二期举行[DB/OL]．[2014-10-14]．http://www.chinalibs.net/ArticleInfo.aspx? id=88455.

也十分普遍。图书馆领域新的业务和服务，如馆藏纸质文献数字化、图书馆网站开发、特色数据库建设、创客空间以及咖啡厅等休闲场所的管理维护，这些新业务和服务也逐渐进入图书馆外包范围，使得图书馆外包的内容越来越丰富。

此外，图书馆的管理运营理念也在发生着重大转变。随着图书馆的核心业务的改变，其组织架构也出现变化，从塔式结构走向扁平化。过去的图书馆几乎都是基于以书为中心的业务流程而设立条块分明的部门，但这一做法现在已逐渐被大部门制所替代。表现在：传统图书馆常分设的采访部、编目部、特藏部等部门在当前一些图书馆已被统一为一个资源建设部，图书馆工作不再是基于某项具体的业务展开，而是基于某项职能展开。有的图书馆甚至就直接围绕一个项目专设一个部门负责，或设临时性部门应对突发性工作。这些变化也必将给图书馆业务外包带来影响，促使图书馆外包方向从业务外包向职能外包发展，如物业职能外包、加工职能外包、技术职能外包等。图书馆外包的表现形式也将更加灵活多样，如可以对某一具体业务环节进行外包，也可以将整个部门或项目的业务进行外包，还可采用前面提到的众包形式，或图书馆整体外包的形式。例如，近几年被媒体和社会各界广为关注的“真人图书馆”活动，以真人为书，通过真人书和读者进行面对面交谈沟通的形式来完成“图书”的阅读，这“其实就是把为读者提供的特定服务外包给有着丰富人生阅历的个人的一种形式”[①]。其实，从根本上来看，外包就是一种合作关系，双方各取所长，或将优势叠加，从而达到更佳效果。比如在我国多地实行的“总分馆”模式，也可视作是一种特殊的外包方式，即分馆、流通点以加盟的方式将自己的部分或全部业务和服务“外包”给总馆负责。

---

① 刘锦秀. 图书馆业务外包发展趋势探讨[C]//中国图书馆学会编. 中国图书馆学会年会论文集(2014 年卷). 北京:国家图书馆出版社,2014:11 - 17.

5.2.3 图书馆整体外包

图书馆业务外包被质疑最多的一点是外包导致的图书馆私有化。公益性是图书馆的本质特征，持反对意见的人们忧心，如果图书馆尤其是公共图书馆成为私有物品，就很难保证图书馆的公益性，将对图书馆的发展将起到不良影响。这类争议在涉及图书馆整体外包时表现尤为激烈。陈俊翘等人将国内外学者对图书馆整体外包的争论焦点归纳为 4 个方面，即图书馆的公益性、专业性、员工队伍以及图书馆服务的持续性①。关于图书馆界在对于图书馆整体外包导致图书馆公益性和学术性衰退的担忧方面，前文已经有详细分析，这种担忧不无道理，可以理解。图书馆整体外包是将图书馆的业务活动和服务全部外包，无论是核心业务还是非核心业务都将委托给承包方，因此，图书馆整体外包多被人直接称为图书馆的"私有化"。在图书馆私有化的情况下，一旦承包方的利益与图书馆的公益性发生冲突，很可能被牺牲的就是图书馆的公益性。

从公共图书馆的本质来说，其公益性表现在公共图书馆是实现和保障全体社会成员共同利益的公共物品，由国家和地方政府负责建设并通过财政拨款支持，为公众提供免费服务。因此，关于图书馆整体外包对图书馆公益性的影响，这里也需要分为两个层面来分析。一个是表层的图书馆服务公益性的改变，图书馆不再提供免费服务，或者增加收费项目；另一个则是深层次的图书馆所有权的改变，图书馆不再属于全民公有，变成私有物品，而图书馆公益性本质的改变将对图书馆事业的良性发展带来极大伤害。相对而言，后者的改变更为本质，因此也更令人担忧。

虽然业界对图书馆整体外包有着种种担忧，但我们也要看到，目

① 陈俊翘，全洪立．公共图书馆总体外包争论焦点的个案探究——以增城市新塘镇图书馆为例[DB/OL]．[2014－10－16]．http://www.chinalibs.net/ArticleInfo.aspx?id=349597.

前，这些担忧还没有充分的事实证据，陈俊翘等人对国外公共图书馆的整体外包实践进行调研后指出，就实践情况来看，暂时未见整体外包后的公共图书馆对读者进行区别服务的案例，整体外包不影响读者自由平等地利用公共图书馆。而且在便利性方面，大多数实行了整体外包的图书馆获得的正面反馈居多①。整体外包对于图书馆事业发展的影响究竟是利大于弊还是弊大于利都还有待观察。

基于现在实行整体外包的图书馆在总体上还只是少数，大多数图书馆还只是部分采用业务外包或者未采用业务外包，其公有性质并未改变，整体外包对整个图书馆事业来说影响还不是很大。而且，一些国家也已经发布了相关政策与指导意见来对图书馆的整体外包加以规范。如在对图书馆私有化问题一直十分重视的美国，外包商只能负责图书馆运营，而没有图书馆的所有权。美国提供整体外包服务的图书馆系统和服务公司 LSSI 在其网站上明确提出，"LSSI does not set policies or acquire any library assets. The libraries remain free and open for the public to use"②，表明 LSSI 将不会利用收购等方式来获得任何图书馆财产，其所服务的图书馆将始终向公众免费开放。我国图书馆的整体外包还处于初期发展阶段，目前政策的倾向是以鼓励为主，但我们也要借鉴已有的经验，对图书馆资产的归属做出明确规定，建立一个以公有为主、业务外包作为有益补充的图书馆发展模式。

另外，关于图书馆整体外包的发展还有一个值得我们注意的地方，即基层公共图书馆对整体外包的实践。目前，我国采用整体外包的图书馆多集中在地市级以下公共图书馆，如深圳的南山区图书馆、江苏的无锡新区图书馆、安徽的芜湖市镜湖图书馆和滨湖世纪社区图

---

① 陈俊翘，诸葛列炜．新公共管理影响下的国外公共图书馆总体外包研究——以美英日为例[DB/OL]．[2014-10-21]．http://www.chinalibs.net/ArticleInfo.aspx?id=349662.

② LSSI. Library Management Services[EB/OL].[2014-10-21]. http://www.lssi.com/services/library-management/.

书馆等。而国外图书馆也存在类似的情况，尤其是社区图书馆。

一般认为，社区图书馆在公众日常文化生活中扮演着极为重要的角色，与民生联系极为紧密。在美国，民众对社区图书馆的认同度极高，图书馆不仅是一个借书阅读的地方，更是“社区的起居室”，是社区居民的一个重要社交场所。而在我国，随着人民生活水平的提升和对社会公共文化服务需求的增强，老百姓家附近的社区图书馆也将发挥越来越重要的作用。但与之矛盾的是，政府对于社区图书馆的物力财力人力投入却增长有限，社区图书馆实行外包已成为一种潮流。与其他类型的图书馆相比，社区图书馆对便利性的要求更加突出，在专业性方面的要求则相对较弱，整体外包在社区图书馆中的可行性更强，完全可以期待整体外包在社区图书馆中的进一步发展。

5.2.4 外包承包方

前文已经探讨过人们对于图书馆业务外包这一概念的理解，简单地说，图书馆业务外包是图书馆将其业务（全部业务或部分业务或非核心业务）委托给馆外机构承包管理。其中研究者的争议多集中在“业务”的内涵和“业务外包”对于图书馆的影响等方面，对于承包方这一角色是“谁”却讨论不多。这个“承包方”可以是除委托方之外的任何一方，可以是机构，也可以是个人；可以是非营利性机构，也可以是以营利为目的的企业；可以是图情类机构，也可以是其他与图情学无关的机构。

随着图书馆业务外包市场的不断发展，承包商队伍也将不断扩大，这是毋庸置疑的。而其中值得我们注意的一点是图情机构在其中的表现。随着图书馆事业的发展，图书馆业务和服务的专业化程度将不断提升，与此相适应，在开展图书馆业务外包时，对承包方专业度的要求也将不断提高，特别是在需要图情学专业知识和技能的业务和服务方面，承包方就必须要具备相关的资质，在这一点上图书馆或相关图情机构具有天然的优势。

在图书馆业务外包市场,图情机构不仅仅是只有委托方的身份,更可作为承包方进入图书馆业务外包市场,发挥自己的优势。实际上,目前业内已有由图书馆组建的外包服务企业或机构在为各图情机构提供各种专业服务,其中不乏表现佼佼者。需要注意的是,图书馆是公益性公共文化服务机构,为公众提供知识服务是永远不变的首要职责,而不能舍本逐末,盲目追逐利益。

5.2.5 图书馆业务外包市场

最近几年,我国文化主管部门陆续出台了相关政策,鼓励社会力量参与公共文化建设,十七届六中全会明确提出,要“引导和鼓励社会力量通过兴办实体、资助项目、赞助活动、提供设施等形式参与公共文化服务”。在政策的支持下,图书馆业务外包市场明显有所扩张,再加上相关制度体系的建立健全和市场的自我调节,图书馆业务外包市场将进一步走向规范成熟。

政策的支持对图书馆外包市场来说是一个十分有利的发展因素,这为图书馆外包市场定下了一个前进的基调。随着图书馆外包市场的蓬勃发展,业界对于图书馆外包的关注也在日益加强,特别是业务外包实践中发现的问题和不足,更是引起了许多图书馆和图书馆学者的关注,大家不断从理论和实践两方面入手,对外包决策的制定、外包风险的规避、外包质量的监督和管理、外包服务评价体系的建立等展开多方面的探索,从而找到更加合理的、能带来更大效能的外包模式。

外包引入图书馆领域的最初目的是降低成本,但正如美国图书馆协会 2011 年在《保持公共图书馆的公共性——公共图书馆私有化社会思考备忘录》(Keeping Public Libraries Publica—Checklist for Communities Considering Privatization of Public Libraries)的报告中所指出的,那样，私有化并不一定可以为图书馆省钱[①]。现在，图书馆采用外包有了更多的考量，更注重的是外包能给图书馆带来的整体效益，在外包前也多会进行评估，对外包商市场情况、同行业务外包情况、外包可能存在的风险、预期效益进行调查评估。如张滢等人在对珠三角地区32个公共图书馆的业务外包情况进行实证研究后所指出的，在开展业务外包较早的地区，大部分图书馆都对外包持欢迎的态度，能较好地进行质量控制，在实行业务外包前会进行预期效益的评估，同时，较多的图书馆已注意到外包的管理问题，对外包有长期规划，并形成了规章制度，有专职的监督指导部门[②]。李亚君等人结合河北理工大学图书馆深加工外包实践展开的讨论中，也强调在业务外包中要确保图书馆和外包商两方的利益，双方互动，达到双赢[③]。这表明图书馆对于外包的决策正在日趋理性化，图书馆力求与外包商建立稳定、持续和长期的合作关系，这无疑将有利于外包服务市场的良性发展。

另一方面，市场的兴盛吸引更多机构参与其中，而随着更多服务商进入图书馆外包市场，市场竞争将更加激烈。为了赢得市场，求得生存与发展，外包服务商将不断提升服务的质量，这涵盖产品质量和服务意识两个方面。在市场初级阶段，外包商的竞争主要取决于“产品质量”。从过去的几十年来看，图书馆外包服务商对于产品质量十分重视，尤其是在相关技术的开放和应用上，甚至有些已经领先于图

① American Library Association. Keeping Public Libraries Publica—Checklist for Communities Considering Privatization of Public Libraries[R/OL]. [2014-10-24]. http://www.ala.org/tools/sites/ala.org.tools/files/content/outsourcing/REVISEDSEPT2011_ALAKeepingPublicLibraries%20PublicFINAL2.pdf.

② 张滢，陈俊翘，段锐. 珠三角地区公共图书馆业务外包区域差异的实证研究[DB/OL]. [2014-10-24]. http://www.chinalibs.net/ArticleInfo.aspx?id=256430.

③ 李亚君，吴卫华，王黔平等. 供需互动 实现双赢——图书馆采编业务加工外包的实践及思考[DB/OL]. [2014-10-24]. http://www.chinalibs.net/ArticleInfo.aspx?id=350285.

书馆。而随着市场竞争从过去的“商品竞争”发展为“服务竞争”，产品质量依然很重要，但更相当于一张市场的准入证，决定竞争结果的往往在于服务质量方面。在此环境下，外包服务商的服务意识也将不断提升，这不仅仅是为图书馆提供“量身定做”的服务，还包括在更多方面的不断完善，如用户体验等。

市场竞争的优胜劣汰可以给图书馆外包市场带来好的影响，如上所述的促进外包商不断提升产品质量和服务质量，但也可能会导致垄断企业的出现，使得市场主动权被外包商控制，这一点就需要图书馆保持警惕。

OCLC 在其网站上宣称，“OCLC 是一项全球性的图书馆合作机制”①。在这个合作机制中，有来自 170 多个国家的 70 000 多家机构，包括各种类型的图书馆，如学术性图书馆、研究型图书馆、公共图书馆、社区大学以及专门图书馆，还包括图书馆团体和联盟。此外，OCLC 还与信息行业内的数百家顶尖出版社和应用服务提供商建立了合作伙伴关系，通过记录创建和元数据服务、检索和联合服务、API 和 Web 服务、市场等合作伙伴项目，帮助出版商和应用服务商对图书馆和图书馆用户进行销售。也就是说，OCLC 就像一个平台，通过它，图书馆可以和其他图书馆建立合作，也可以和出版商或应用服务商建立合作。

这是一种新型的合作模式，并且也已经事实证明取得了显著的成效。不管是图书馆还是图书馆外包商，对 OCLC 建立的这种新模式显然非常欢迎。这种强调开放与合作的模式将进一步催动图书馆外包市场的规范成熟，同时对于图书馆外包市场的全球化也有着重要影响。

这种合作范式为图书馆外包市场未来的发展开拓了一种新的可

① OCLC. OCLC 合作伙伴项目[EB/OL].[2014 - 10 - 24]. http://www.oclc.org/zhcn - asiapacific/partnerships.html.

能，当然，对于图书馆外包商来说，未来还有更多可能，正如 Marshall Breeding 在 2014 年度行业报告《图书馆系统报告 2014：竞争与战略合作》（Library Systems Report 2014：Competition and strategic cooperation）中所说的：人人都有机会，一切都有待考验[①]。

---

① 刘剑英编译．图书馆系统报告 2014：竞争与战略合作（Library Systems Report 2014：Competition and Strategic Cooperation）[DB/OL]．[2014－10－24]．http://www.chinalibs.net/ArticleInfo.aspx?id=350476.

附录　参考书目及网站

编制说明：图书馆灰色文献资源开发与利用涉及图书馆业务外包的背景与相关理论、业务外包在图书馆的应用、图书馆业务外包的概念及分类、图书馆业务外包的优势和风险、图书馆业务外包决策、图书馆业务外包过程管理和图书馆业务外包发展趋势等诸多方面的问题。为使读者对图书馆业务外包有一个较为全面的了解，特编制此附录。

图书馆业务外包的背景与相关理论

1. e 线图情(http://www.chinalibs.net)

2. 国际图联(http://www.ifla.org)

3. 中国图书馆学会(http://www.lsc.org.cn)

4. 美国图书馆学会(http://www.ala.org/)

5. 国家图书馆(http://www.nlc.gov.cn/)

6. 美国国会图书馆(http://www.loc.gov/)

7. 大英图书馆(http://www.bl.uk/)

8. 美国图书馆杂志(http://lj.libraryjournal.com/)

9. 美国研究图书馆学会(http://www.arl.org/)

10. 中国图书馆学报(http://www.jlis.cn/)

11. The Outsourcing Institute (http://www.outsourcing.com/)

12. 苏敬勤,孙大鹏. 资源外包的理论与管理研究[M]. 大连:大连理工大学出版社,2006.

13. Jonathan Reuvid,John Hinks. 业务外包[M]. 北京:华夏出版社,2004.

14. (英)伊恩·本,(英)吉尔·珀斯著;陈瑟译. 外包制胜[M]. 北京:北京邮电大学出版社,2004.

15. Brian Rothery, Ian Robertson. *The Truth about Outsourcing*[M]. Aldershot, Hampshire:Gower,1995.

16. Jeff Howe 著;牛文静译. 众包[M]. 北京:中信出版社,2009.

业务外包在图书馆的应用

17. Karen A. Wilson, Marylou Colver. *Outsourcing Library Technical Services Operations: Practices in Academic, Public, and Special Libraries* [M]. Chicago: American Library Association, 1997.

18. 王浦劬,(美)莱斯特. M. 萨拉蒙等. 政府向社会组织购买公共服务研究[M]. 北京:北京大学出版社,2010.

图书馆业务外包的概念及分类

19. 李欣. 图书馆自动化集成系统[M]. 重庆:重庆大学出版社,2011.

20. 国家图书馆图书采选编目部. 信息资源建设中的图书馆采访工作[M]. 北京:北京图书馆出版社(今国家图书馆出版社),2007.

21. 万爱雯,周建清. 图书馆资源建设与编目工作研究[M]. 北京:当代中国出版社,2013.

22. 徐侠. 高校图书馆采编工作质量提升的若干问题研究[M]. 合肥:合肥工业大学出版社,2012.

23. 韩红予,张联锋. 高校图书馆文献采访理论与实践[M]. 武汉:武汉大学出版社,2012.

24. 国家图书馆外文采编部. 数字时代的文献资源建设:第四届全国文献采访工作研讨会论文集[M]. 北京:国家图书馆出版社,2012.

25. 肖希明等. 数字信息资源建设与服务研究[M]. 武汉:武汉大学出版社,2008.

26. 张志清主编,中国图书馆学会古籍整理与文献保护专业委员会,国家古籍保护中心合编. 全国图书馆古籍工作会议论文集[M]. 北京:国家图书馆出版社,2009.

27. 李大玲. 学术机构知识库构建模式研究[M]. 上海:上海交通大学出版社,2009.

28. 刘新华,周哲. 物业管理[M]. 北京:清华大学出版社,2011.

29. (美)文卡特·托马斯瓦,(美)弗朗西斯·高哈特著;王虎译. 众包2:群体创造的力量[M]. 北京:中信出版社,2011.

图书馆业务外包的优势和风险

30. Chris Lonsdale, Andrew Cox. *Outsourcing: Business Guide to Risk Management Tools and Techniques*[M]. Birmingham : Earlsgate Press, 1998.

31. Ian Tho. *Managing the Risks of IT Outsourcing*[M]. Amsterdam Boston: Elsevier Butterworth-Heinemann, 2005.

图书馆业务外包决策

32. 江小国. 企业业务外包决策体系与方法研究[M]. 合肥:安徽人民出版社,2011.

33. 吴锋. 战略外包决策[M]. 西安:西安交通大学出版社,2010.

34. 张达凯. 服务外包战略决策[M]. 北京:化学工业出版社,2009.

35. (美)琳达·多明圭兹著;曹嫦恒译. 企业外包实务[M]. 北京:中国财政经济出版社,2007.

36. (英)乔纳森·瑞维德,(英)约翰·希克斯. 业务外包[M]. 北京:华夏出版社,2004.

37. (英)查尔斯·盖伊,(英)詹姆斯·艾辛格著;华经译. 企业外包模式[M]. 北京:机械工业出版社,2003.

38. Steven M. Bragg. *Outsourcing: A Guide to ... Selecting the Correct Business Unit...Negotiating the Contract...Maintaining Control of the Process*[M]. New York: Wiley, 1998.

39. 河北大学图书馆学系. 图书馆法规文件汇编[M]. 河北:河北大学图书馆学系编印,1985.

40. 彭俊玲. 专门图书馆研究[M]. 北京:中国书籍出版,2006.

41. 黄方正,王可权. 图书馆管理词典[M]. 北京:知识出版社,1994.

42. John K. Halvey, Barbara Murphy Melby. *Business Process Outsourcing: Process, Strategies, and Contracts*[M]. New York: John Wiley, 2000.

43. Arnold Hirshon, Barbara Winters. *Outsourcing Library Technical Services* [M]. New York: Neal-Schumer Publishers, 1996.

44. 姜国祥. 核心竞争力[M]. 北京:中国商业出版社,2004.

45. 王世伟. 公共图书馆是什么[M]. 上海:上海社会科学院出版社,2010.

46. 李宏荣,周金龙. 自主创新时代专业图书馆的服务与发展[M]. 广东:广东科技出版社,2007.

47. 陈进. 大学图书馆服务体系建设[M]. 上海:上海交通大学出版社,2012.

48. 许树柏. 实用决策方法 层次分析法原理[M]. 天津:天津大学出版社,1988.

49.《图书情报工作》杂志社. 图书馆服务创新与绩效评估[M]. 北京:海洋出版社,2012.

50. 张红霞. 图书馆质量评估体系与国际标准[M]. 北京:国家图书馆出版社,2008.

51. 李国忠. 图书馆评估标准与促进业务建设及全面科学管理实务手册[M]. 北京:当代中国音像出版社电子出版物数据中心,2004.

52. 柴晓娟,代根兴. 高校图书馆评估与管理[M]. 北京:北京图书馆出版社(今国家图书馆出版社),2006.

53. 李新华. 公共图书馆服务规范贯彻执行与图书馆评估标准及业务建设管理实务全书[M]. 北京:中国社会出版社,2013.

54. 熊伟. 图书馆社会价值评估研究[M]. 北京:中国社会科学出版社,2012.

55. 顾敏,王怡心. 图书馆发展与评鉴个案研究[M]. 北京:中国社会科学出版社,2009.

56. 史伟,凌明雁. 物业管理招投标[M]. 北京:北京大学出版社,2010.

57. 张健. 图书馆评价理论与方法[M]. 成都:西南交通大学出版社,2004.

58. 崔宇红. 一流大学图书馆建设与评价研究[M]. 北京:中国科学技术出版社,2011.

59. 程娟. 地方高校图书馆核心竞争力研究[M]. 北京:中国水利水电出版社,2009.

60. 宋剑祥. 图书馆核心价值及其实现策略[M]. 北京:中国书籍出版社,2013.

61. 王居平. 网络环境下图书馆服务的理论与实践[M]. 合肥:安徽大学出版社,2009.

62. Claire-Lise Bénaud, Sever Bordeianu. *Outsourcing Library Operations in Academic Libraries—An Overview of Issues and Outcomes*[M]. Englewood, Colo: Libraries Unlimited,1998.

63. 白世贞,国彦平,陈化飞. 服务外包业务流程管理[M]. 北京:化学工业出版社,2012.

64. 汪应洛. 服务外包概论[M]. 西安:西安交通大学出版社,2007.

65. 刘北林,付玮琼. 服务外包企业质量管理[M]. 北京:化学工业出版社,2012.

66. (美)琳达·科恩,(美)阿莉·扬著;虞海侠译. 资源整合——超越外包新模式[M]. 北京:商务印书馆,2007.

67. 刘晓峰,任宗伟,李艳华. 服务外包企业项目管理[M]. 北京:化学工业出版社,2012.

68. (美)道格拉斯·布朗,(美)斯考特·威尔森著;逸文,果东,夏翔译. 企业外包手册[M]. 北京:中国财政经济出版社,2007.

69. 马智宏,商振茂等. 外包管理科学化[M]. 北京:中共中央党校出版社,2011.

70. 丛国栋. IT 服务外包风险管理[M]. 武汉:武汉大学出版社,2012.

71. 国家服务外包人力资源研究院. 软件外包概论[M]. 北京:清华大学出版社,2012.

72. 黄立军. 服务外包企业战略管理[M]. 广州:暨南大学出版社,2013.

73. 刘国红. 企业后勤服务外包的理论与实践[M]. 镇江:江苏大学出版社,2010.

74. 陈新洁. 图书馆业务外包[M]. 北京:北京理工大学出版社,2013.

75. Sheila Pantry, Peter Griffiths. *Managing Outsourcing in Library and Information Services*[M]. London: Facet Publishing,2004.

76. Michael J. Mol. *Outsourcing: Design, Process and Performance* [M]. Cambridge: Cambridge University Press,2007.

77. George Kimball. *Outsourcing Agreements: A Practical Guide*[M]. Oxford, New York: Oxford University Press,2010.

78. Alpesh B. Patel, Hemendra Aran. *Outsourcing Success: The Management Imperative*[*M*]. Basingstoke, Hampshire New York: Palgrave Macmillan, 2005.

79. John D. Stees. *Outsourcing Security: A Guide for Contracting Services* [M]. Boston: Butterworth-Heinemann, 1998.

80. Thomas Nelson Tunstall. *Outsourcing and Management: Why the Market Benchmark Will Topple Old School Management Styles*[M]. New York: Palgrave, 2007.

81. Robert Klepper, Wendell O. Jones. *Outsourcing Information Technology Systems and Services*[M]. Upper Saddle River, NJ: Prentice Hall PTR, 1997.

82. Hans Solli-Saether, Petter Gottschalk. *Managing It Outsourcing Performance* [M]. Hershey, PA: Business Science Reference, 2010.

83. Petter Gottschalk, Hans Solli-Saether. *Managing Successful it Outsourcing Relationships*[M]. Hershey, PA: IRM Press, 2006.

84. 朱强,张春红,龙伟. 国家图书馆视频数据加工标准和操作指南[M]. 北京:国家图书馆出版社,2011.

85. 朱强,张春红,龙伟. 国家图书馆音频数据加工标准和操作指南[M]. 北京:国家图书馆出版社,2011.

86. 朱强,张春红,龙伟. 国家图书馆图像数据加工标准和操作指南[M]. 北京:国家图书馆出版社,2011.

87. 龙伟,罗云川. 国家图书馆文本数据加工标准和操作指南[M]. 北京:国家图书馆出版社,2012.

88. 孙坦,宋文,贺燕. 国家图书馆数字资源唯一标识符规范和应用指南[M]. 北京:国家图书馆出版社,2010.

89. 肖珑,申晓娟. 国家图书馆元数据应用总则规范汇编[M]. 北京:国家图书馆出版社,2011.

90. 郑巧英,王绍平,汪东波. 国家图书馆管理元数据规范和应用指南[M]. 北京:国家图书馆出版社,2010.

91. 赵亮,周晨. 国家图书馆网络资源元数据规范和著录规则[M]. 北京:国家图书馆出版社,2013.

92. 蒋贤春,翟喜奎. 中文文献全文版式还原与全文输入 XML 规范和应用指南[M]. 北京:国家图书馆出版社,2010.

93. 王世伟,张涛. 公共图书馆服务规范应用指南[M]. 北京:国家图书馆出版社,2013.

94. 陈进,邓景康,景祥祜. 图书馆 RFID 技术及应用[M]. 上海:上海交通大学出版社,2013.

95. 赵亮,苏品红. 国家图书馆家谱元数据规范与著录规则[M]. 北京:国家图书馆出版,2014.

96. 郑巧英,梁蕙玮,陈幼华. 国家图书馆电子图书元数据规范和著录规则[M]. 北京:国家图书馆出版社,2013.

97. 郑巧英,周晨,彭佳. 国家图书馆图像资源元数据规范和著录规则[M]. 北京:国家图书馆出版社,2013.

98. 王胜清,周晨,罗云川. 国家图书馆音频资源元数据规范与著录规则[M]. 北京:国家图书馆出版社,2014.

99. 段明莲,周晨,琚存华. 国家图书馆视频资源元数据规范与著录规则[M]. 北京:国家图书馆出版社,2014.

100. 肖珑,苏品红,姚伯岳. 国家图书馆舆图元数据规范与著录规则[M]. 北京:国家图书馆出版社,2014.

101. 肖珑,苏品红,胡海帆. 国家图书馆拓片元数据规范与著录规则[M]. 北京:国家图书馆出版社,2014.

102. 肖珑,苏品红,刘大军. 国家图书馆古籍元数据规范与著录规则[M]. 北京:国家图书馆出版社,2014.

103. 卢芳玉,苏品红. 国家图书馆甲骨元数据规范与著录规则[M]. 北京:国家图书馆出版社,2014.

104. 国家图书馆 MARC21 格式使用手册课题组. MARC21 规范数据格式使用手册[M]. 北京:北京图书馆出版社(今国家图书馆出版社),2005.

105. 谢琴芳等. GB/T3792. 3—2009《文献著录(第 3 部分)连续性资源》应用指南[M]. 北京:国家图书馆出版社,2011.

106. 辛苗. 中文普通图书 CNMARC 格式著录解析[M]. 北京:国家图书馆出版社,2014.

107. 顾犇. 西文文献著录条例[M]. 北京:北京图书馆出版社(今国家图书馆出版社),2003.

108. 卜书庆,刘华梅.《中国图书馆分类法》第 5 版与第 4 版增删改类目对照表[M]. 北京:国家图书馆出版社,2013.

109. 崔明明. 连续性资源 ISSN 记录编目实用指南[M]. 北京:国家图书馆出版社,2013.

110. 胡广翔. GB/T3792.2—2006 普通图书著录规则应用指南/信息与文献领域国家标准应用指南[M]. 北京:国家图书馆出版社,2011.

111. 潘太明,朱岩,宋华斐. 中国机读目录格式使用手册(修订版)[M]. 北京:北京图书馆出版社(今国家图书馆出版社),2001.

112. 全国图书馆联合编目中心,国家图书馆中文采编部. 中文书目数据制作[M]. 北京:国家图书馆出版社,2013.

113. Mirna Willer 编;《中国机读规范格式》工作组译. UNIMARC 手册:规范格式(第 3 版)[M]. 北京:国家图书馆出版社,2013.

114. 国家图书馆. 中国图书馆分类法第 5 版[M]. 北京:国家图书馆出版社,2010.

115. 富平. 中文连续出版物采访工作手册[M]. 北京:北京图书馆出版社(今国家图书馆出版社),2004.

116. 刘兹恒. 非书资料采访工作手册[M]. 北京:北京图书馆出版社(今国家图书馆出版社),2004.

117. ISBD 评估组推荐;顾犇翻译. 国际标准书目著录[M]. 北京:国家图书馆出版社,2012.

118. 熊丽. 数字时代的图书馆管理[M]. 北京:北京图书馆出版社(今国家图书馆出版社),2006.

119. 李朝云. 图书馆人力资源管理探微[M]. 合肥:安徽大学出版社,2011.

120. 马文筠,张莉,冯京桉. 图书馆现代人力资源开发与管理[M]. 北京:国家图书馆出版社,2013.

121. 张平,吴澍时. 古籍修复案例述评[M]. 北京:国家图书馆出版社,2012.

122. 杜伟生. 中国古籍修复与装裱技术图解[M]. 北京:北京图书馆出版社(今国家图书馆出版社),2003.

123. 吴建中,李道林. 图书馆物业管理实施 2000 版 ISO 9001 标准实用指南[M]. 上海:上海科学技术文献出版社,2002.

124. 熊英,王宏伟. 项目质量管理[M]. 武汉:湖北科学技术出版社,2008.

125. 唐承秀. 图书馆内部管理沟通[M]. 天津:天津大学出版社,2009.

图书馆业务外包发展趋势

126. 柯平．社会公共服务体系中图书馆的发展趋势、定位与服务研究[M]．北京:国家图书馆出版社,2011.

127. 谢灼华．世界与中国图书馆事业发展趋势[M]．武汉:武汉大学出版社,2000.

128. 彭晓东,杨新涯．数字图书馆技术与未来[M]．北京:知识产权出版社,2012.

129. 张肖回．基于图书馆 RFID 技术的现在与未来[M]．广州:世界图书出版广东有限公司,2011.

130. 吴建中．公共图书馆发展战略思考[M]．北京:北京图书馆出版社(今国家图书馆出版社),2007.

131. 中国图书馆学会．图书馆发展与和谐社会构建[M]．北京:北京图书馆出版社(今国家图书馆出版社),2007.

132. 余侠,王宁．网络环境下我国高校图书馆变革与发展若干问题研究[M]．合肥:安徽大学出版社,2013.

133. 董琴娟．中国图书馆联盟发展研究[M]．北京:光明日报出版社,2013.

134. 初景利．复合图书馆理论与方法[M]．上海:上海交通大学出版社,2009.